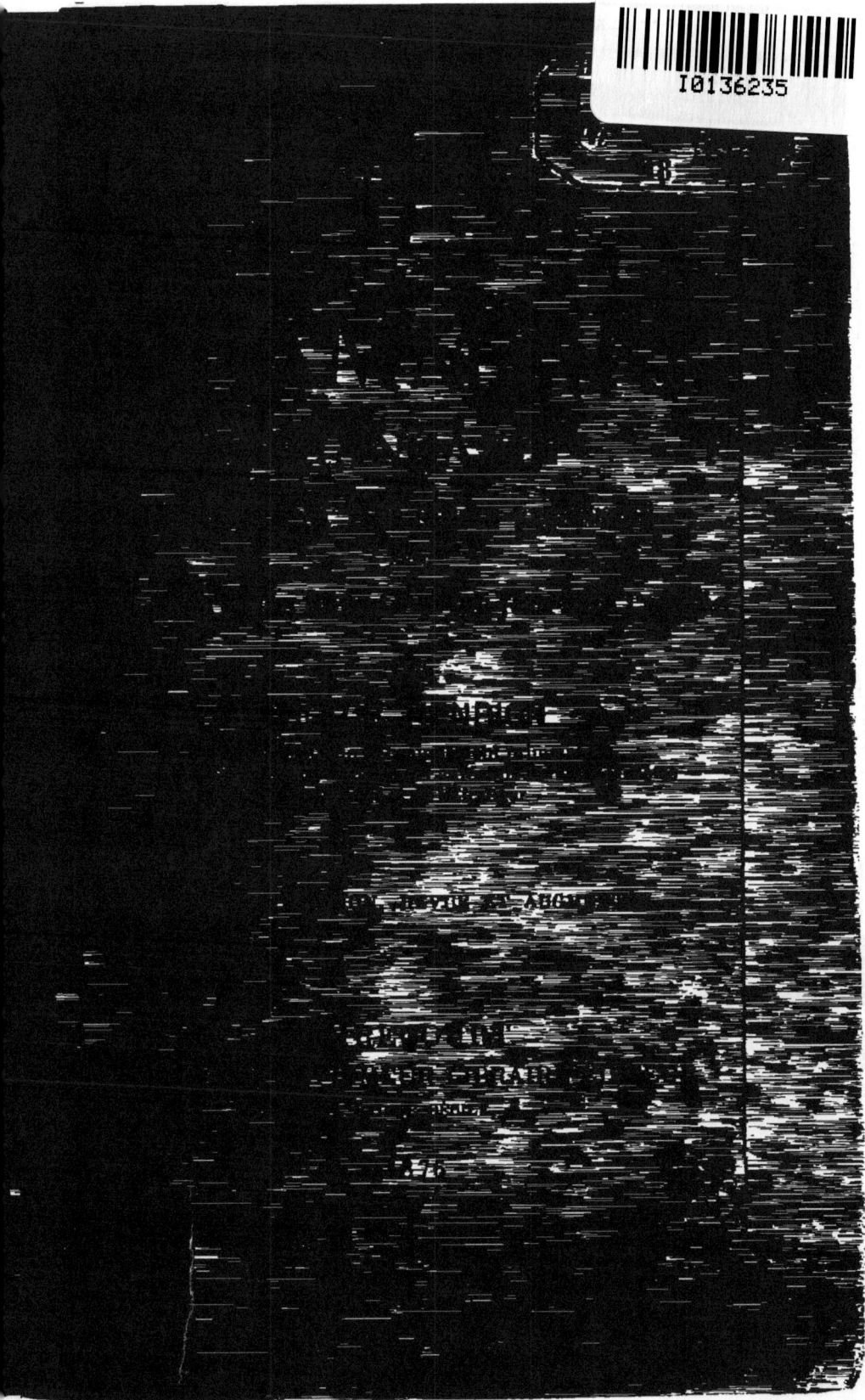

X

26307

LA
GRAMMAIRE FRANÇAISE
RÉDUITE A SA PLUS SIMPLE EXPRESSION

MIRECOURT. TYPOGRAPHIE HUMBERT

LA
GRAMMAIRE
FRANÇAISE

RÉDUITE A SA PLUS SIMPLE EXPRESSION

avec

des Exercices pour tous les jours de l'année

PAR

VICTOR HENRION

Inspecteur de l'Enseignement primaire,
officier d'Académie, membre et lauréat de diverses
Sociétés de France et de l'Etranger.

2ᵉ ÉDITION

revue et augmentée.

MIRECOURT, HUMBERT, IMPRIMEUR - LIBRAIRE

8, Rue Sainte - Cécile, 8.

1875

©

POURQUOI

je ne procède pas comme tout le monde?

Je sais qu'on ne lit pas les préfaces : je n'en ferai donc point. Cependant, comme j'ai créé un plan tout neuf et qui n'a aucun air de famille avec celui qu'ont adopté jusqu'aujourd'hui tous les grammairiens, je dois quelques explications aux Instituteurs. Je ne m'appliquerai pas à prouver que mes collègues — en grammaire — ont eu tort, je démontrerai seulement que j'ai raison.

Ire PARTIE

Je me suis d'abord occupé des signes orthographiques et des signes de ponctuation, parce que c'est là une connaissance indispensable, pour écrire et pour corriger un devoir de grammaire.

J'ai désigné sous le nom général de *mots invariables,* l'adverbe, la préposition, la conjonction et l'interjection, parce qu'il est tout à fait inutile que les enfants sachent que les mots *pour, chez,* etc., sont des prépositions; que les mots *comme, ainsi que,* etc., sont des conjonctions, puisque la connaissance de ces mots n'indique nullement comment il faut les écrire. (1)

---

(1) Néanmoins, dans cette nouvelle édition, et pour faire droit aux réclamations de beaucoup d'Instituteurs, après l'*orthographe mécanique,* j'ai donné la définition de chacun des mots invariables.

Immédiatement après le nom, j'ai placé l'adjectif, parce qu'il est logique que l'enfant, connaissant les *objets*, apprenne à connaître les qualités de ces objets.

Immédiatement après l'adjectif, j'ai placé le verbe : d'abord, parce qu'il est naturel que l'enfant, connaissant le nom et l'adjectif, sache quels sont les actes que peuvent accomplir ces deux mots. La nature elle-même ici ne nous sert-elle pas de guide ? Que disent les enfants qui commencent à parler ? Que disent les étrangers qui apprennent notre langue ? Que disent les sauvages — qui sont la nature même dans sa pureté primitive ?... *père, mère, pain, vin, bon, méchant, beau, boire, manger, jouer, chasser...*; c'est-à-dire que leur vocabulaire se borne à des noms, des adjectifs, des verbes; jamais il n'y a d'articles, ni de pronoms. — Ensuite, parce que, de tous les mots de la langue française, c'est le verbe que les enfants distinguent le plus facilement, et que l'accord à la 3e personne du pluriel — et c'est la seule dont je m'occupe ici — n'est qu'un jeu pour eux. Une longue expérience m'a fait connaître que la conjugaison des verbes, comme elle se trouve dans toutes les grammaires, est un peu...... routinière, parce qu'elle n'oblige pas les enfants à réfléchir. C'est pour cette raison que j'ai conjugué les verbes *CHANTER* et *FINIR* par *modes*, et par *temps primitifs* les verbes *RECEVOIR* et *RENDRE*. Cette manière de procéder est beaucoup plus intelligente, à condition toutefois que les maîtres l'expliquent suffisamment.

2e PARTIE

Après les généralités sur le nom, l'adjectif et le

verbe, la logique encore m'a conduit à quelques règles de *détail* sur ces trois espèces de mots.

J'ai parlé de l'article — pour mémoire seulement — et je n'ai pas donné d'exercices sur ce mot, parce que jamais un enfant ne s'avisera de dire : je vais *à le bois*, ou *la marteau*.

Même raison pour les adjectifs déterminatifs. Est-ce que jamais un enfant dira : *mon plume ?*

J'ai consacré peu de lignes au pronom, parce que, s'accordant comme l'adjectif, il ne présente pas de difficultés sérieuses.

3ᵉ PARTIE

Après les règles générales et les règles particulières, doivent venir les grandes difficultés : or, quiconque a enseigné ou seulement étudié, sait combien en sont hérissés les verbes irréguliers de notre langue : aussi n'ai-je rien omis dans cette 3ᵉ partie.

Quant au participe, qui doit venir à sa place, c'est-à-dire en dernier lieu, il n'effraie plus que les élèves sans intelligence : les règles de l'accord sont si simples, si facilement applicables, qu'il suffit de les lire attentivement, pour les comprendre et les mettre en pratique.

4ᵉ PARTIE

Qui de nous n'a été embarrassé — au moins quelques instants — pour écrire cette phrase et autres semblables : *La fête était magnifique; jamais on n'en a vu de pareille ?*

Voilà la raison de la 4ᵉ partie — qui n'est pas complète, je le sais.

—

Je n'ai plus à dire qu'un seul mot, relatif aux devoirs qui font suite aux règles de grammaire. Je sais qu'on me fera cette objection : « Il ne manque pas de grammaire renfermant des exercices. » Je répondrai par une question : dites-moi, mon cher Instituteur, n'avez-vous pas été maintes fois ennuyé, embarrassé, au moment de donner des devoirs, lorsque votre grammaire vous mettait en présence d'exercices variant de deux, trois, quatre à soixante lignes parfois ? Soixante lignes, c'est trop ; deux lignes, c'est trop peu. Et, si vous ne l'avez dit tout haut, n'avez-vous pas murmuré tout bas : « imbécile d'auteur ? » Eh bien, c'est pour vous mettre en garde contre ces mouvements d'humeur, pour vous être utile et pour m'épargner cette épithète, que j'ai donné, moi, à mes exercices, la même longueur invariable : dix lignes, juste la taille d'un devoir ordinaire.

De plus, et cette fois c'est pour être utile à vos élèves — et à vous par ricochet — j'ai placé au-dessus de chaque exercice des chiffres indicateurs, complaisants, qui leur diront, sans jamais les tromper, les règles de grammaire dont ces exercices sont l'application.

Mon plan est bien expliqué, ce me semble, et il dit nettement pourquoi je ne procède pas comme tout le monde.

J'attends les observations.

GRAMMAIRE FRANÇAISE

CHAPITRE PREMIER

NOTIONS PRÉLIMINAIRES

1. La grammaire nous enseigne à bien parler et à bien écrire, c'est-à-dire sans faire de fautes.

2. Dans la langue française il y a deux sortes de lettres : les voyelles et les consonnes.

3. Les voyelles ont un son toutes seules ; ce sont : a, e, i, o, u, y.

4. Les consonnes n'ont un son qu'avec le secours des voyelles ; ce sont : b (be), c (cé), d (dé), f (eff), g (gé), h (ache), j (ji), k (ka), l (ell), m (emm), n (enn), p (pé), q (qu), r (err), s (ess), t (té), v (vé), x (ixx), z (zedd).

5. Un accent est un petit signe que l'on place sur les voyelles, souvent pour en changer le son.

6. Il y a trois accents : l'accent aigu [´], l'accent grave [`] et l'accent circonflexe, formé des deux premiers [^].

7. L'accent aigu ne s'emploie que sur les *e*, bonté, vérité.

1.

8. L'accent grave s'emploie sur les *e*, les *a*, les *u* : procès, aller à Paris, où allez-vous ?

9. L'accent circonflexe s'emploie sur les voyelles *a*, *e*, *i*, *o*, *u*, le plus souvent pour remplacer une lettre supprimée : Ex. : Pâques (pascal) ; forêt (forestier) ; épître (épistolaire) ; apôtre (apostolat) ; goût (déguster).

10. Il y a quatre sortes d'*e* :

L'*e* muet, sans accent, et qui est pour ainsi dire muet, car on ne l'entend pas, comme dans : monde ;

L'*é* fermé qu'on prononce la bouche presque fermée et qui a souvent un accent aigu : bonté, rocher ;

L'*è* ouvert, qu'on prononce la bouche très-ouverte, et qui a souvent un accent grave : procès, navet ;

L'*ê* long, que l'on prononce longtemps, et qui a toujours un accent circonflexe : fête, tempête.

11. Il y a deux sortes d'*h*.

L'*h* muette, qu'on n'entend pas, comme dans : *histoire*.

L'*h* aspirée, qu'on prononce légèrement du gosier, comme dans : *hache, haie*.

12. L'apostrophe (') est un petit signe qui remplace ordinairement une voyelle supprimée pour éviter un son désagréable : Ex.: *l'ouvrier* pour : *le ouvrier*; *l'amitié* pour : *la amitié*; *s'il* vient, pour : *si il* vient; irez-vous à Paris demain ? *j'irai*, pour : *j'y irai*.

13. La cédille (ͺ) est un petit signe que l'on place sous le *c* devant *a*, *o*, *u*, quand on veut qu'il se prononce comme une *s* : Ex.: traça, reçoit, reçu.

14. Le tréma (¨) est un petit signe que l'on place sur une voyelle pour indiquer qu'elle se prononce seule, séparément de celle qui précède. Ex. : *naïveté (na-i-ve-té)*.

NOTA. — *On ne met pas le tréma, quand un accent peut le remplacer : on écrit donc : poète, israélite, et non : poëte, israëlite.*

15. Le trait d'union (-) sert à lier deux ou plusieurs mots : Ex. : *Viendrez-vous, c'est-à-dire*.

16. Outre ces signes *orthographiques*, ainsi appelés, parce qu'ils concourent particulièrement à *l'orthographe des mots*, il y en a d'autres, que l'on nomme *signes de ponctuation*, et qui servent à *l'orthographe des phrases;* ce sont :

17. Le point (.), qui se met après toute phrase qui exprime un sens complet, achevé, indépendant.

Ex. : *Dieu connaît nos plus secrètes pensées.*

18. Le point-virgule (;), qui se place ordinairement entre deux parties principales d'une phrase.

Ex. : *Faites tout le bien possible à votre prochain ; mais n'attendez de récompense et de reconnaissance que de Dieu.*

19. Les deux points (:), qui précèdent ou suivent une citation ou une explication.

Ex. : *Notre Seigneur a dit : « Heureux ceux qui pleurent, parce qu'ils seront consolés. »*

L'oisiveté ressemble à la rouille : elle use beaucoup plus que le travail.

20. La virgule (,), qui sépare les parties semblables d'une phrase, ou les phrases très-courtes, quand elles ne sont pas liées par *ou, ni, et.*

Ex. : *Louis, Auguste, Henri et Charles travaillent.*

Craignez Dieu, honorez vos parents, chérissez vos amis, obéissez aux lois.

21. Le point interrogatif (?) et le point exclamatif (!) qui terminent : l'un, une phrase interrogative; l'autre, une phrase exclamative.

Ex. : *Quand partez-vous ?*
Hélas ! que de malheurs !

22. La parenthèse, qui se compose de deux crochets ( ) entre lesquels on renferme un ou plusieurs mots qui ne servent que d'explication dans la phrase. Ex. : *Mes enfants, vous avez oublié (et cependant je vous l'ai répété bien souvent), que le devoir doit passer avant le plaisir.*

23. Le tiret —, qui ressemble au trait d'union, mais qui est plus allongé et qui indique dans la conversation écrite que la personne qui parlait est remplacée par une autre. Ex. : *Viendrez-vous demain à l'école ? — Certainement.*

Quelquefois on remplace la parenthèse par le tiret. Ainsi on peut écrire : *Mes enfants, vous oubliez — et cependant je vous l'ai répété bien souvent — que le devoir doit passer avant le plaisir.*

24. Les guillemets « », qui s'emploient quand on rapporte les paroles de quelqu'un. Notre bon Lafontaine a dit : « *Plus fait douceur que violence.* »

25. On divise tous les mots de la langue française en deux classes : les mots variables et les mots invariables.

26. Les mots variables sont ceux qui ne s'écrivent pas toujours de la même manière; ce sont : le nom, l'adjectif, le verbe, l'article, le pronom et le participe.

27. Les mots invariables sont ceux qui ne changent pas, comme : *alors, sagement, dessus.* — ce sont : l'adverbe, la préposition, la conjonction et l'interjection.

CHAPITRE III

DU NOM OU SUBSTANTIF

28. Le nom ou substantif sert à nommer les personnes, les choses et les animaux; comme : *Emile, Jeanne, la table, le livre, le loup, le chien.*

29. Il y a deux sortes de noms : le nom commun et le nom propre.

30. Le nom commun sert à nommer tous les êtres semblables, comme : *enfant, plume, lapin.*

31. Le nom propre est le nom particulier, spécial, donné à quelques êtres seulement, pour les distinguer de ceux de la même espèce. Les noms propres s'écrivent toujours avec une lettre majuscule; comme : *Henri, Strasbourg, Médor.*

32. Le genre est le masculin et le féminin.

33. On dit qu'un nom est masculin, quand on peut mettre devant lui *le* ou *un*; comme : *le moineau, le renard.*

34. On dit qu'un nom est féminin, quand on peut mettre devant lui *la* ou *une;* comme : *la fauvette, une souris.*

35. Le nombre est le singulier et le pluriel.

36. Un nom est singulier, quand il représente un seul être ; comme : *le pinson, un livre.*

37. Un nom est pluriel, quand il représente plusieurs êtres ; comme : *des pinsons, quatre livres.*

FORMATION DU PLURIEL DANS LES NOMS

RÈGLE GÉNÉRALE

38. Les noms ne s'écrivent pas de la même manière au pluriel qu'au singulier.

39. Pour former le pluriel dans les noms, on ajoute une *s* à la fin. Ex. : *le canif, les canifs; la main, les mains.*

RÈGLES PARTICULIÈRES

40. Les noms terminés au singulier par *s, x,* ou *z*, ne changent pas au pluriel. Ex. : *le bois, les bois; la noix, les noix; le riz, les riz; le gaz, les gaz.*

41. Les noms terminés au singulier par *au* ou par *eu*, prennent un *x* au pluriel. Ex.: *le marteau, les marteaux; le feu, les feux.* Excepté : *bleu* et *landau*, qui prennent une *s* au pluriel.

42. Les noms terminés au singulier par *ou*, prennent une *s* au pluriel. Ex. : *le verrou, les verrous.* Excepté : *chou, genou, caillou, hibou, bijou, joujou et pou*, qui prennent un *x* au pluriel.

43. Les noms terminés au singulier par *al*, changent *al* en *aux* au pluriel. Ex. : *le cheval, les chevaux.* Excepté : *bal, carnaval, régal, chacal, cal et nopal*, qui prennent une *s* au pluriel.

44. Les noms terminés au singulier par *ail* prennent une *s* au pluriel. Ex. : *un éventail, des éventails.* Excepté : *bail, émail, corail, soupirail, travail, vantail et vitrail*, qui changent *ail* en *aux* au pluriel : *un soupirail, des soupiraux.*

NOTA. — A cause de la douceur de la pronon-

ciation, on dit plus généralement aujourd'hui :
des bocals, des locals, des bails et *des ails.*

REMARQUES PARTICULIÈRES

45. *Ciel* fait *cieux*, au pluriel, quand il désigne
la voûte céleste ou le séjour des bienheureux.
Ex. : *Les cieux annoncent la puissance de Dieu.
Les hommes vertueux ont les cieux pour récompense.*

Dans les autres cas, il fait *ciels*. Ex. : *Des ciels
de lit.*

46. *Œil* fait *yeux*, quand il désigne les organes
de la vue. Ex. : *Cet enfant a de jolis yeux.*

Dans les autres cas, il fait *œils*. Ex. : *les œils
de la soupe.*

47. *Aïeul* fait *aïeuls*, quand il désigne le grand-
père et la grand'mère. Ex. : *J'ai encore mes
aïeuls.*

Il fait *aïeux*, dans les autres cas, c'est-à-dire
quand il désigne les parents très-éloignés, les an-
cêtres : Ex. : *Les Gaulois sont nos aïeux.*

PREMIÈRE PARTIE

EXERCICES SUR LE NOM

N° 30 de la grammaire.

1. Chercher : 5 noms communs de personnes ;
               5 noms communs de choses;
               5 noms communs d'animaux.

N° 31.

2. Chercher : 5 noms propres de personnes ;
   5 noms propres de choses ;
   5 noms propres d'animaux.

33 - 34

3. Chercher : 10 noms masculins ;
   10 noms féminins.

33

4. Chercher : 10 noms masculins de personnes ;
   10 noms masculins de choses ;
   10 noms masculins d'animaux.

34.

5. Chercher : 10 noms féminins de personnes ;
   10 noms féminins de choses ;
   10 noms féminins d'animaux.

39.

6. Le mouton, les mout...... Le loup, les l......, Le chat, les ch...... Le renard, les ren...... Le maître, les maît...... Le cahier, les cah...... La règle, les règl...... La plume, les plum...... Le canif, les can...... La personne, les person...... La forêt, les for...... Le champ, les ch...... Le pinson, les pins...... Le linot, les linot...... Le livre, les liv...... Le lion, les l...... Le pavé, les pav......

39.

7. Le plancher, les planch...... Le fruit, les fr...... Le peuplier, les peupl...... Le poirier, les poir...... La pomme les pom...... La rose, les ros...... La violette, les viol...... La vache, les vach...... Le bœuf, les

bœuf..... Le chariot, les char..... Le mulet, les mul..... Le forgeron, les forger..... Le menuisier, les menuisier..... Le plafonneur, les plafon..... Le carrossier, les carrossier.....

39.

10. Le domestique, les domestiq..... La servante, les serv..... La fleur, les fl..... Le chêne, les ch..... Le hêtre, les hêtr..... Le tremble, les trembl..... Le sapin, les sap..... Le noisetier, les noiset..... Le village, les villag..... La ville, les vil..... Le bourg, les b..... La maison, les mais..... La cabane, les caban..... La chaumière, les chaum..... La hutte, les hut..... La bête, les bêt.....

39.

9. La cloche, les cloch..... L'église, les églis..... La pendule, les pendul..... La hache, les hach..... Le fusil, les fusi..... Le sabre, les sabr..... Le casque, les casq..... La poule, les poul..... Le voisin, les voi..... Le soldat, les sold..... Le gendarme, les gend..... Le colonel, les colon..... Le cultivateur, les cultivat..... Le devoir, les dev..... La leçon, les leç..... Le hanneton, les hannet..... Le pigeon, les pig..... Le canard, les can.....

40.

10. Le bois, les b..... Le marais, les mar..... La noix, les n..... Le gaz, les g..... Le pois, les p..... La souris, les sour..... Le nez, les n..... Le riz, les r..... La croix, les cr..... La voix, les v..... Le poids, les p..... La perdrix, les perdr..... Le jus, les j..... Le tas, les t..... Le repas, les rep..... Le cassis, les cas..... Le buis, les buis..... Le houx, les h..... Le tapis, les tap..... Le mets, les m..... Le mois, les m..... Le crucifix, les crucif..... La brebis, les breb.....

41

9. Le bateau, les bat...... Le feu, les f..... Le cheveu, les chev...... Le cordeau, les cord...... Le marteau, les mart...... Le neveu, les nev...... Le plateau, les plat...... Le tombeau, les tomb...... Le jeu, les j...... Le noyau, les noy...... Le château, les chât...... Le manteau, les mant...... Le tuyau, les tuy...... L'anneau, les ann...... L'étau, les ét...... Le corbeau, les corb...... Le moineau, les moin...... Le panneau, les pann...... Le landau, les land...... Le bleu, les bl......

39-40-41-42

12. Le verrou, les verr...... Le trou, les tr...... Le lapin, les lap...... Le poteau, les pot...... Le moyeu, les moy...... Le fou, les f..... Le pou, les p...... Le hoyau, les hoy...... Le veau, les v..... Lé licou, les lic...... Le sou, les s..... Le clou, les cl..... Le genou, les g...... Le bras, les br...... Le berceau, les berc...... Le repos, les rep...... Le puits, les p...... L'engrais, les engr...... La chèvre, les chèv...... Le nez, les n...... La perdrix, les perd...... Le médecin, les médec...... Le hibou, les hib...... Le carreau, les carr......

39 40-41-42

13. Le voyageur, les voyag...... Le portier, les port...... Le joujou, les jouj...... Le perdreau, les perd...... Le poids, les p...... Le palais, les pal...... Le tableau, les tabl...... Le chapeau, les chap...... L'essieu, les ess...... Le ruisseau, les ruiss...... Le genou, les gen...... Le hibou, les hib...... Le pinceau, les pinc...... Le chamois, les cham...... Le caillou, les caill...... Le chameau, les cham...... Le licou, les lic...... Le merle, les merl...... La chèvre, les ch...... Le pou, les p......

43

14. Le canal, les can...... Le maréchal, les maréch......
Le cheval, les chev...... Le général, les génér......
L'hôpital, les hôpit...... Le végétal, les végét...... Le
signal, les sign...... Le cardinal, les cardin...... Le bal,
les b...... Le journal, les journ...... Le carnaval, les
carnav...... Le capital, les capit...... Le cristal, les
crist...... Le régal, les rég...... Le confessionnal, les
confessionn...... Le chacal, les chac...... Le mal. les
m...... Le tribunal, les tribun...... Le nopal, les nop......
(arbre). Le total, les tot......

44.

15. Le gouvernail, les gouvern...... L'éventail, les
évent...... Le portail, les port...... Le corail, les cor......
Le soupirail, les soup...... Le détail, les dét...... Le
bail, les b...... Le camail, les cam...... L'émail, les
ém...... Le rail, les r...... Le travail, les trav...... L'at-
tirail, les attir...... Le vantail, les vant...... Le bocal,
les boc...... Le bercail, les berc...... Le local, les
loc...... L'ail, les a...... L'épouvantail, les épouvant......
Le poitrail, les poitr......

39-40-41-42-43.

16. Le ruban, les rub...... Le logis, les log...... Le
prospectus, les prosp...... Le chartreux, les chart......
Le milieu, les mil...... Le compas, les comp...... La
faux, les f...... Le tableau, les tabl...... Le cabas, les
cab...... Le rameau, les ram...... Le coucou, les cou......
Le clou, les cl...... Le lépreux, les lépr...... Le vernis,
les vern...... Le fracas, les frac...... Le hameau, les
ham...... Le landau, les land...... Le carnaval, les
carnav...... Le bal, les b...... Le soupirail, les soupir......

39-40-41-42-43-44.

17. Le tonneau, les tonn...... Le chat, les ch'...... Le numéro, les num...... Le neveu, les nev...... Le trou, les tr...... Le hibou, les hib...... L'aveu, les av...... Le caporal, les capor...... Le chacal, les chac...... Le bocal, les boc...... L'ail, les a...... Le bataillon, les batail...... L'adieu, les ad...... Le landau, les land...... Le bleu, les bl...... Le fardeau, les fard...... L'hébreu, les héb...... Le métal, les mét...... L'animal, les anim...... Le nez, les n...... Le gaz, les g...... Le bois, les b...... Le soupirail, les soupir......

39-40-41-42-43-44.

18. Le chacal, les chac...... L'allouette , les allouett...... Le prunier, les prun...... Le capital, les capit...... Le couteau, les cout...... Le chameau, les cham...... La prairie, les prair...... Le voiturier, les voitur...... Le taffetas, les taffet...... Le noyau, les noy...... Le bras, les br...... Le cou, les c...... Le lis, les l...... Le travail, les tr...... Le licou, les lic...... Le vernis, les vern...... Le creux, les cr...... L'embarras, les embarr...... Le gaz, les g.....

45-46-47.

19. L'homme qui aura bien accompli ses devoirs en ce monde, aura les *(ciel)* pour récompense. — Emile a eu la douleur de perdre ses deux *(aïeul)*. — Les *(ciel)* que cet artiste a peints sont admirables. — La prière la plus belle est celle qui commence par ces mots : Notre Père qui êtes aux *(ciel)*. — Les *(œils)* des mouches sont au nombre de plusieurs centaines. — Les *(œil)* du fromage n'indiquent ni ses qualités ni ses défauts. — Dans les campagnes, au-dessus des granges, on voit souvent de petites fenêtres appelées *œil*-de bœuf.

CHAPITRE III
DE L'ADJECTIF

—

48. L'adjectif indique comment sont les noms. Dans ces exemples : *Enfant docile, chien fidèle, livre utile* ; les mots : *docile, fidèle, utile*, sont des adjectifs, parce qu'ils indiquent comment sont le *livre*, le *chien*, l'*enfant*.

49. On connaît qu'un mot est adjectif quand on peut mettre devant lui *personne, chose* ou *animal*.

Les mots *sage, agréable, sauvage*, sont des adjectifs, parce qu'on peut dire : *personne sage, chose agréable, animal sauvage*.

50. On connaît le mot que l'adjectif qualifie, en faisant la question *qui est* devant cet adjectif. Exemple : *Le chien est fidèle*. Qui est fidèle ? *le chien*. — L'adjectif *fidèle* qualifie donc chien.

—

FÉMININ DES ADJECTIFS

RÈGLE GÉNÉRALE

51. Les adjectifs ne s'écrivent pas de la même manière au féminin qu'au masculin.

52. Pour former le féminin dans les adjectifs, on ajoute un *e* muet à la fin. Ex. : *saint* au féminin *sainte*, *savant* au féminin *savante*.

RÈGLES PARTICULIÈRES

53. Les adjectifs terminés par un *e* muet ne changent pas au féminin. Ex. : *sage, utile.*

54. Les adjectifs terminés par *f* changent *f* en *ve* au féminin. Ex. : *neuf, neuve* au féminin ; *vif, vive* au féminin.

55. Les adjectifs terminés par *x* changent *x* en *se* au féminin. Ex. : *heureux, heureuse* au féminin.

Excepté : *doux, faux, roux, vieux,* qui font *douce, fausse, rousse, vieille* au féminin.

56. Les adjectifs terminés par *el, eil, et, on, ien,* au masculin, doublent la dernière consonne *n, t, l* et prennent de plus un *e* muet au féminin. Ex. : *cruel, cruelle; pareil, pareille; bon, bonne; ancien, ancienne; sujet, sujette.*

Excepté : *complet, concret, discret, secret, inquiet et replet,* qui font : *complète, concrète, discrète, secrète, inquiète et replète.*

57. Les adjectifs : *gras, gros, nul, bas, épais, exprès, las, gentil, paysan, sot, vieillot,* doublent la dernière consonne et prennent un *e* muet au féminin : *gras, grasse; paysan, paysanne.*

58. Les adjectifs *beau, nouveau, fou, mou,* font au féminin : *belle, nouvelle, folle, molle.*

NOTA. — Pour la douceur de la prononciation, au masculin on écrit : *bel, nouvel, fol mol,* quand le mot suivant commence par une voyelle ou une *h* muette : *Bel,* oiseau, *Nouvel* habit.

59. Les adjectifs *blanc, franc, sec, frais, public, caduc, turc, grec, long, oblong, tiers, malin, bénin, devin,* font au féminin : *blanche,*

franche, sèche, fraîche, publique, caduque, turque, grecque, longue, oblongue, tierce, maligne, bénigne et devineresse.

60. Les adjectifs en *eur* font leur féminin de différentes manières : les uns en *euse*, comme *chanteur, chanteuse ; trompeur, trompeuse ;* d'autres en *trice*, comme : *instituteur, institutrice ; acteur, actrice.*

PLURIEL DES ADJECTIFS

61. Les adjectifs ne s'écrivent pas de la même manière au pluriel qu'au singulier.

62. Pour former le pluriel dans les adjectifs, on suit les mêmes règles que pour les noms. Ex. : *utile, utiles ; beau, beaux ; brutal, brutaux.*

63. Quelques adjectifs en *al* font exception et prennent *es* au pluriel. Ce sont : *naval, final, pascal, glacial, jovial, pénal, amical, natal, fatal, filial, initial, frugal.*

ACCORD DE L'ADJECTIF

L'adjectif s'accorde en genre et en nombre avec le mot qu'il qualifie. Cela signifie que quand ce mot est masculin ou féminin, l'adjectif est aussi masculin ou féminin, que quand ce mot est singulier ou pluriel, l'adjectif est singulier ou pluriel.

Ex. : *Un animal méchant.* — *Méchant* est masculin, parce que *animal* est masculin.

Une bête méchante. — *Méchante* est féminin, parce que *bête* est féminin.

Un loup féroce. — *Féroce* est singulier, parce que loup est singulier.

Des renards malins. — *Malins* est pluriel parce que *renards* est pluriel.

65. Quand un adjectif qualifie deux ou plusieurs noms, il se met au pluriel. Si ces noms sont masculins, l'adjectif se met au masculin ; si ces noms sont féminins, l'adjectif se met au féminin ; si ces noms sont, les uns au masculin, les autres au féminin, l'adjectif se met au masculin pluriel.

Exemples : *Charles et Joseph sont contents.*
Jeanne et Marguerite sont contentes.
Marguerite et Charles sont très-instruits.

EXERCICES SUR L'ADJECTIF

48-49

20. Faire 10 phrases renfermant chacune un adjectif et un nom, comme : La moisson est *abondante.*

48-49-50.

21. Joindre un adjectif aux noms suivants :
Ex. : Le loup est *féroce.*
Chien. Moineau. Fleur. Cheval. Jeanne. Charles. Paris. Rivière. Forêt. Chemin. Eglise. Soleil.

48-49-50.

22. Joindre un adjectif aux noms suivants :
Ex. . La ville est *belle.*
Ecole. Etoile. Tempête Blé. Violette. Mère, Cahier. Puits. Serin. Voiture. Village.

48-49-50.

23. Faire 10 phrases renfermant chacune un adjectif joint à un nom d'animal. Comme : le lion est *fort.*

48-49-50,

24. Faire 10 phrases renfermant chacune un adjectif joint à un nom de plante. Comme : Le chêne est *élevé*.

51-52-53.

25. Mettre au féminin les adjectifs suivants :
Content, cont...... Aimable, aim...... Noir, n...... Rouge, roug...... Econome, économ...... Riche rich...... Robuste, robust...... Prudent, prudent...... Chéri, chér.... Mûr, m...... Exact, exact...... Charmant, charm...... Méchant, méch...... Docile, docil...... Entêté, entêt...... Charitable, charit...... Bleu, bl...... Vert, ver...... Gris, gr...... Docile, doc..... Saint, sain...... Plein, pl...... Divin, div...... Humain, hum .... Voisin, vois...... Ardent, ard.... Confiant, conf...... Pauvre, pauv..... Habile, hab......

54-55.

26. Mettre au féminin les adjectifs suivants :
Pieux, pie...... Fâcheux, fach...... Bref, br...... Curieux, cur...... Captif, capt...... Doux, d..... Fugitif, fugit.... Envieux, env...... Actif, act..... Faux, f...... Attentif, attent...... Vieux, v...... Oisif, ois...... Roux, r.....Heureux, heur....... Laborieux, labor..... Ténébreux, ténébr...... Craintif, craint...... Honteux, hont...... Jaloux, jal..... Pensif, pens..... Curieux, curieu...... Marécageux, marécag...... Studieux, stud...... Creux, cr..... Vif, v..... Gracieux, grac...... Communicatif, communicat...... Décisif, décis..... Significatif, significat......

56.

27. Mettre au féminin les adjectifs suivants :
Complet, comp...... Indien, ind...... Naturel, natur......

2

Chrétien, chrét...... Pareil, par...... Annuel, ann......
Vermeil, verm...... Sujet, suj...... Discret, disc...... Bon,
b...... Païen, païe...... Cruel, cr...... Gardien, gard...... Coquet, coq...... Mignon, mign...... Partiel, part...... Paroissien, paroiss...... Fripon, frip...... Eternel, étern......
Bohémien, bohém...... Mutuel, mut...... Inquiet, inq......
Fanfaron, fanfar...... Mortel, mort...... Violet, viol......
Citoyen, citoy...... Muet, m...... Trimestriel, trimestr......

56-57-58-59-60.

28. Mettre au féminin les adjectifs suivants :
Blanc, bl...... Nouveau, nouv...... Epais, ép......
Paysan, pays...... Fou, f...... Turc, tur...... Parleur,
parl...... Créateur, créat...... Frais, frai...... Long,
Malin, ma...... Sot, s...... Beau, b...... Public,
publ...... Sec, s...... Chasseur, ch...... Serviteur,
serv...... Voleur, v...... Bas, b...... Gras, gr...... Grec,
gr...... Pécheur, péch...... Conducteur, conduct......
Vendeur, vend...... Flatteur, flatt...... Nul, n......
Gentil, gent...... Menteur, ment...... Acheteur, ach......
Tiers, t...... Franc, fran...... Mou, m......

52 à 60

29. Mettre au féminin les adjectifs suivants :
Brun, br...... Sage, s...... Terrible, terrib......
Content, cont...... Gris, gr...... Malin, mal...... Complaisant, complais...... Malheureux, malheur......
Orgueilleux, orgueil...... Attentif, attent...... Vieux
v...... Moyen, moy...... Solennel, solen...... Contagieux, contag...... Chagrin, chag...... Expressif, express...... Querelleur querel...... Creux, cr...... Beau,
b...... Adroit, adr...... Supérieur, supér...... Indiscret,
indiscr...... Formel, form...... Etranger, étrang......
Epais, ép...... Public, pub...... Pareil, par...... Hautain,
haut...... Doux, d...... Nul, n...... Secret, secr...... Orphelin,
orphel...... Directeur, dir......

62

30. Mettre au masculin pluriel les mêmes adjectifs.

62

31. Mettre an féminin pluriel les mêmes adjectifs.

ACCORD DE L'ADJECTIF. — PLURIEL.

64.

32. Le mouton docile, les m...... Le chat malin, les ch...... Le chien fidèle, les ch...... Le pigeon voyageur, les pig...... La plante utile, les pl...... Le maître sévère, les m...... L'enfant sage, les enf...... Le champ cultivé, les ch...... La forêt épaisse, les for...... La campagne fertile, les camp...... La fleur charmante, les fl...... La rivière profonde, les riv...... La maison neuve, les m...... Le bœuf utile, les b...... La fauvette grise, les f...... La prison obscure, les pris...... Le cultivateur intelligent, les c......

64.

33. Le bois épais, les b..... Le harnais soigné, les h..... La croix neuve, les cr...... La noix mûre, les n...... Le tonneau vide, les t...... Le cheval noir, les ch...... Le ciseau tranchant, les cis..... Le marteau solide, les mart...... Le pays désert, les p...... Le corbeau sauvage, les c...... Le coteau fertile, les c..... Le manteau neuf, les mant...... Le carnaval triste, les c..... Le bocal rempli, les b...... Le chacal gris, les ch...... Le paletot bleu, les p......

64.

34. Le général sévère, les g...... Le soupirail étroit, les s...... L'éventail élégant, les é...... Le tra-

vail possible, les tr...... Le portail massif, les p......
Le cierge pascal, les c......: Le froid glacial, les fr......
Le combat naval, les c...... Le point final, les p......
Le principe général, les p...... Le livre nouveau, les
l...... Le vieux manteau, les v...... Le salut amical,
les s...... L'animal mou, les an......

64.

35. L'œil noir, les œ...... Le coq matinal, les c......
Le pinson joyeux, les p...... L'homme libéral, les
h...... Le journal illustré, les j...... Le terrain marécageux, les t...... Le bois épais, les b...... Le coucou
apprivoisé, les c...... Le fardeau pesant, les f...... Le
maréchal adroit, les m...... Le chartier brutal, les
ch...... La cérémonie religieuse, les c...... Le feu brillant, les f...... Le chameau sobre, les ch......

65.

36. La pensée et la tulipe sont *(joli)*. La rose et
le réséda sont *(parfumé)*. Le chien et le cheval
sont *(docile)* Le renard et le loup sont *(sauvage)*.
Jeanne et Marguerite sont *(partis)*. Marie et Charles sont *(revenu)* de la fête. Parmi les oiseaux de
la France, le chardonneret et le bouvreuil sont les
plus *(beau)*. La vache et la chèvre sont *(précieux)*
pour les habitants de la campagne. L'âne et le mulet sont *(employé)* comme montures dans les pays
montagneux. Le lion a la démarche *(fier)*.

65.

37. L'avoine et le blé doivent être *(semé)* quand
la terre est bien *(labouré)*, et *(récolté)* par un
temps sec. Les singes sont *(malin)* et *(amusant)*;
mais parfois ils sont *(méchant)*, *(voleur)* et très-
(dangereux). La brebis et le chevreuil sont *(crain-*

tif) et très-(*doux*). Les prairies et les champs qui ont été (*inondé*) par les pluies d'orage, redeviendront (*fertile*) aux (*premier beau*) jours. Louis et Charles qui ont été (*récompensé*) pour leur travail, paraissent (*enchanté*) des prix qui leur ont été (*donné*).

65.

38. Les plaines et les coteaux sont (*couvert*) de neige. La paquerette et le bouton d'or sont (*charmant*). L'herbe des prés et les arbres de la forêt sont (*vert*). Le chien du berger a la tête (*long*), les poils (*doux*), l'air (*triste*) cependant c'est le plus (*intelligent*) de toute la race. Le bœuf a les yeux (*doux*), la démarche (*pesant*, *lourd*) ; mais il est (*docile*) et peut soutenir longtemps les travaux les plus (*fatigant*). Les montagnes les plus (*élevé*) comme les vallées les plus (*profonde*) montrent la bonté et la puissance (*infinie*) de Dieu.

CHAPITRE IV.

DU VERBE.

66. Le verbe est un mot qui exprime l'affirmation, c'est-à-dire qui indique l'action que l'on fait ou l'état dans lequel on se trouve.

67. On connaît qu'un mot est verbe, quand on peut mettre devant lui les mots : Je, tu, il, nous, vous, ils.

Chanter et *bénir* sont des verbes, parce qu'on peut dire : *Je chante, tu chantes, il chante, nous chantons, vous chantez, ils chantent. Je bénis, tu bénis, il bénit, nous bénissons, vous bénissez, ils bénissent.*

68. Dans les verbes il y a trois personnes : la première, qui est celle qui parle, comme *je mange, nous partons;*

La deuxième est celle à qui l'on parle, comme *tu travailles, vous lisez ;*

La troisième est celle de qui l'on parle, comme *il parle, elle écrit, ils donnent, elles marchent.*

69. Dans les verbes, il y a deux nombres : le singulier et le pluriel.

70. Pour former le pluriel dans les verbes, à la troisième personne, on ajoute, *généralement, nt* à la fin. Ex. : *le pinson chante, les pinsons chantent.*

(*N. B.* — Dans cette première partie de la grammaire, je ne m'occupe que de l'accord des verbes à la troisième personne. Les autres personnes présentent trop de difficultés pour les commençants).

71. Le sujet est le mot qui fait l'action ou qui est dans l'état marqué par le verbe.

72. On trouve le sujet d'un verbe en faisant la question *qui,* devant ce verbe. Ex. : *Jeanne écrit.* Qui écrit? — *Jeanne.*

DES TEMPS

73. On appelle *temps* la forme que prend le verbe, selon que l'affirmation a rapport au *passé,* au *présent* ou à l'*avenir.*

74. Il n'y a donc réellement que trois temps : le *passé,* comme : *j'ai lu;* le *présent,* comme : *je lis;* le *futur,* comme : *je lirai.*

75. Il n'y a qu'un *présent,* puisque ce moment ne peut être divisé.

76. On distingue cinq passés : l'*imparfait,* le *passé défini,* le *passé indéfini,* le *passé anté-*

rieur et le *plus-que-parfait*.

77. Le *futur* compte aussi deux temps : le *futur simple* et le *futur passé*.

78. Tous ces temps se divisent en *temps simples* ou *composés*; en *temps primitifs* ou *dérivés*.

79. Les *Temps simples* sont exprimés en un seul mot. Ex. : *Je parle, tu écris*.

80. Les *temps composés* sont formés de deux ou plusieurs mots. Ex. : *Tu as écrit. — Il a été récompensé*.

81. Les *temps primitifs* ou *premiers temps*, sont ceux qui servent à former les autres temps, qu'on appelle pour cela *temps dérivés*.

82. Il y a cinq temps primitifs : *Indicatif présent, participe présent, participe passé, présent de l'infinitif* et *passé défini*. (Voir la formation des temps).

DES MODES

83. Le mot *mode* veut dire manière. On appelle donc *mode*, dans les verbes, la *manière* dont le verbe présente l'affirmation.

84. Il y a cinq modes, qui sont : l'*Indicatif*, le *conditionnel*, l'*impératif*, le *subjonctif* et l'*infinitif*.

85. L'*indicatif* marque simplement l'affirmation. Ex. : *Je parle, j'ai parlé, je parlerai*.

86. Le *conditionnel* présente l'affirmation avec dépendance d'une condition. Ex. : *Je sortirais, s'il faisait beau*.

87. L'*impératif* énonce l'affirmation avec commandement, exhortation ou prière.

Ex. : *Apprends à obéir, si tu veux commander.*
Travaillez, enfants, et vous réussirez.
Veuillez me venir en aide.

88. Le *subjonctif* exprime l'affirmation comme subordonnée à un autre verbe. Ex. : *Je désire que vous soyez attentif.*

89. Enfin, l'*infinitif* indique l'affirmation d'une manière vague, indéfinie, indéterminée.

Ex. : *Travailler avec plaisir.*
Vivre avec sagesse.

DE LA PROPOSITION

90. On appelle *proposition* l'énonciation d'un jugement. Juger, c'est affirmer qu'une qualité, bonne ou mauvaise, peut être ou ne peut pas être appliquée à un être quelconque. Ex. : *La terre est immense.*

91. Dans une proposition il y a trois termes essentiels : Le *sujet*, le *verbe*, l'*attribut*.

Nous connaissons le sujet et verbe.

92. L'*attribut* est la qualité que l'on juge convenir ou ne pas convenir au sujet.

Dans « la terre est immense », *immense* est l'attribut de terre.

93. En ne considérant que ces trois termes essentiels, on dit que la proposition est *pleine* ou *elliptique*; *implicite* ou *explicite*; *directe* ou *inverse*.

94. La proposition est *pleine*, quand le sujet, le verbe et l'attribut sont énoncés.

Ex. : *Le soleil est brillant.*
Le travail fortifie, pour *est fortifiant.*

95. La proposition est *elliptique*, quand ses trois parties essentielles ne sont pas énoncées.

Ex. : *Soyons prudents* (sujet *nous* sous-entendu).

Cet enfant est sage comme un ange.
— Dans cette phrase, il y a deux propositions,

dont l'une est incomplète, car le verbe et l'attribut sont sous-entendus. C'est comme s'il y avait : *Cet enfant est sage, comme un ange est sage.* — *Quand travaillerez-vous ? Demain.* — C'est-à-dire : *Je serai travaillant demain.* — Ici les trois parties sont sous-entendues.

96. La proposition est *implicite*, quand toutes ses parties ne sont pas énoncées séparément.

    Ex. : *Je partirai,* pour *je serai partant.*
        Hélas ! pour *je suis malheureux.*

97. Au contraire elle est *explicite*, quand le sujet, le verbe et l'attribut sont énoncés séparément. Ex. : *Le temps est froid.*

98. La proposition est *directe*, quand ses trois parties essentielles sont énoncées dans l'ordre grammatical : sujet, verbe, attribut. Ex. : *La terre est féconde.*

99. Elle est *inverse*, quand cet ordre n'est pas suivi. Ex. : *Déjà souffle le vent ; déjà tombent les feuilles.*

ACCORD DU VERBE

100. Le verbe s'accorde en nombre et en personne avec son sujet ; cela signifie que quand le sujet est singulier ou pluriel, le verbe est également singulier ou pluriel ; que quand le sujet est de la première, de la deuxième ou de la troisième personne, le verbe est aussi de la première, de la deuxième ou de la troisième personne.

101. Quand un verbe a plusieurs mots pour sujets, il se met au pluriel. Ex. : *Jeanne et Marguerite écrivent.* Qui écrit ? *Jeanne et Marguerite.* Il y a deux mots formant le sujet, donc le verbe se met au pluriel.

2,

CONJUGAISON DES VERBES.

102. Conjuguer un verbe c'est le réciter dans toutes les formes qu'il peut prendre, à la première, à la deuxième et à la troisième personne du singulier ou du pluriel.

103. Dans la langue française, il y a deux verbes qui aident à conjuguer les autres; on les appelle pour cela *verbes auxiliaires ou aides*. C'est le verbe *avoir* et le verbe *être*.

104. En français, il y a quatre conjugaisons que l'on distingue entre elles par la terminaison.

105. Les verbes de la première conjugaison sont terminés par *er* comme *chanter*.

Ceux de la deuxième par *ir*, comme *finir*.

Ceux de la troisième, par *oir* comme *recevoir*.

Ceux de la quatrième par *re*, comme *rendre*.

CONJUGAISON DU VERBE AUXILIAIRE *AVOIR.*

—

3ᵉ CONJUGAISON

INDICATIF PRÉSENT.

J'ai.
Tu as.
Il a.
Nous avons.
Vous avez.
Ils ont.

IMPARFAIT.

J'avais.
Tu avais.
Il avait.
Nous avions.
Vous aviez.
Ils avaient.

PASSÉ DÉFINI

J'eus.
Tu eus.
Il eut.

Nous eûmes.
Vous eûtes.
Ils eurent.

PASSÉ INDÉFINI.

J'ai eu.
Tu as eu.
Il a eu.
Nous avons eu.
Vous avez eu.
Ils ont eu.

PASSÉ ANTÉRIEUR.

J'eus eu.
Tu eus eu.
Il eut eu.
Nous eûmes eu.
Vous eûtes eu.
Ils eurent eu.

PLUS-QUE-PARFAIT.

J'avais eu.
Tu avais eu.
Il avait eu.
Nous avions eu.
Vous aviez eu.
Ils avaient eu.

FUTUR SIMPLE.

J'aurai.
Tu auras.
Il aura.
Nous aurons.
Vous aurez.
Ils auront.

FUTUR COMPOSÉ (*futur passé* ou *futur antérieur.*)

J'aurai eu.

Tu auras eu.
Il aura eu.
Nous aurons eu.
Vous aurez eu.
Ils auront eu.

CONDITIONNEL PRÉSENT.

J'aurais.
Tu aurais.
Il aurait.
Nous aurions.
Vous auriez.
Ils auraient.

CONDITIONNEL PASSÉ

J'aurais eu.
Tu aurais eu.
Il aurait eu.
Nous aurions eu.
Vous auriez eu.
Ils auraient eu.

On dit aussi :

J'eusse eu.
Tu eusses eu.
Il eût eu.
Nous eussions eu.
Vous eussiez eu.
Ils eussent eu.

IMPÉRATIF.

Aie.
Ayons.
Ayez.

SUBJONCTIF PRÉSENT. OU FUTUR.

Que j'aie.
Que tu aies

Qu'il aie.
Que nous ayons.
Que vous ayez.
Qu'ils aient.

IMPARFAIT.

Que j'eusse.
Que tu eusses.
Qu'il eût.
Que nous eussions.
Que vous eussiez.
Qu'ils eussent.

PASSÉ

Que j'aie eu.
Que tu aies eu
Qu'il ait eu.
Que nous ayons eu.
Que vous ayez eu
Qu'ils aient eu.

PLUS-QUE-PARFAIT.

Que j'eusse eu.
Que tu eusses eu
Qu'il eût eu.
Que nous eussions eu.
Que vous eussiez eu.
Qu'ils eussent eu.

INFINITIF PRÉSENT.

Avoir.

PASSÉ

Avoir eu.

PARTICIPE PRÉSENT.

Ayant.

PASSÉ

Eu, eue ayant eu.

CONJUGAISON DU VERBE AUXILIAIRE ÊTRE.

4ᵉ CONJUGAISON

INDICATIF PRÉSENT.

Je suis.
Tu es.
Il est.
Nous sommes.
Vous êtes.
Ils sont.

IMPARFAIT.

J'étais.
Tu étais.
Il était.
Nous étions.
Vous étiez.
Ils étaient.

PASSÉ DÉFINI.

Je fus.
Tu fus.
Il fut.
Nous fûmes.
Vous fûtes.
Ils furent.

PASSÉ INDÉFINI.

J'ai été.
Tu as été.
Il a été.
Nous avons été.
Vous avez été.
Ils ont été.

PASSÉ ANTÉRIEUR.

J'eus été.
Tu eus été.
Il eut été.
Nous eûmes été.
Vous eûtes été.
Ils eurent été.

PLUS-QUE-PARFAIT.

J'avais été.
Tu avais été.
Il avait été.
Nous avions été.
Vous aviez été.
Ils avaient été.

FUTUR SIMPLE.

Je serai.
Tu seras.
Il sera.
Nous serons.
Vous serez.
Ils seront.

FUTUR CNMPOSÉ (ou *futur* passé ou *antérieur*).

J'aurai été.
Tu auras été.
Il aura été.

Nous aurons été.
Vous aurez été.
Ils auront été.

CONDITIONNEL PRÉSENT.

Je serais.
Tu serais.
Il serait.
Nous serions.
Vous seriez.
Ils seraient.

PASSÉ.

J'aurais été.
Tu aurais été.
Il aurait été.
Nous aurions été.
Vous auriez été.
Ils auraient été.

On dit aussi:

J'eusse été.
Tu eusses été.
Il eût été.
Nous eussions été.
Vous eussiez été.
Ils eussent été.

IMPÉRATIF.

Sois.
Soyons.
Soyez.

SUBJONCTIF PRÉSENT
ou FUTUR.

Que je sois.
Que tu sois.

Qu'il soit.
Que nous soyons.
Que vous soyez.
Qu'ils soient.

IMPARFAIT.

Que je fusse.
Que tu fusses.
Qu'il fût.
Que nous fussions.
Que vous fussiez.
Qu'ils fussent.

PASSÉ.

Que j'aie été.
Que tu aies été.
Qu'il ait été
Que nous ayons été.
Que vous ayez été.
Qu'ils aient été.

PLUS-QUE-PARFAIT.

Que j'eusse été.
Que tu eusses été.
Qu'il eût été.
Que nous eussions été.
Que vous eussiez été.
Qu'ils eussent été.

INFINITIF PRÉSENT.

Etre.

PASSÉ.

Avoir été.

PARTICIPE PRÉSENT.

Etant.

PASSÉ

Eté, ayant été.

PREMIÈRE CONJUGAISON EN *ER*.

—

VERBE MODÈLE : *Chanter*.

Conjugaison par Modes

1er MODE. — INDICATIF.

Temps simples.

PRÉSENT

Je chante.
Tu chantes.
Il chante.
Nous chantons.
Vous chantez.
Ils chantent.

Temps composés.

PASSÉ INDÉFINI.

J'ai chanté.
Tu as chanté.
Il a chanté.
Nous avons chanté.
Vous avez chanté.
Ils ont chanté.

Temps simples.   Temps composés.

IMPARFAIT.   PLUS-QUE-PARFAIT.

Je chantais. — J'avais chanté.
Tu chantais. — Tu avais chanté.
Il chantait. — Il avait chanté.
Nous chantions. — Nous avions chanté.
Vous chantiez. — Vous aviez chanté.
Ils chantaient. — Ils avaient chanté.

PASSÉ DÉFINI.   PASSÉ ANTÉRIEUR.

Je chantai. — J'eus chanté.
Tu chantas. — Tu eus chanté.
Il chanta — Il eut chanté.
Nous chantâmes. — Nous cûmes chanté.
Vous chantâtes. — Vous eûtes chanté.
Ils chantèrent. — Ils eurent chanté.

FUTUR SIMPLE.   FUTUR COMPOSÉ.

Je chanterai. — J'aurai chanté.
Tu chanteras. — Tu auras chanté.
Il chantera. — Il aura chanté.
Nous chanterons. — Nous aurons chanté.
Vous chanterez. — Vous aurez chanté.
Ils chanteront. — Ils auront chanté.

2e Mode. — CONDITIONNEL.

PRÉSENT.   PASSÉ 1re Forme.

Je chanterais. — J'aurais chanté.
Tu chanterais. — Tu aurais chanté.
Il chanterait. — Il aurait chanté.
Nous chanterions. — Nous aurions chanté.
Vous chanteriez. — Vous auriez chanté.
Ils chanteraient. — Ils auraient chanté.

PASSÉ. — 2ᵉ Forme.

J'eusse chanté.   Nous eussions chanté.
Tu eusses chanté.   Vous eussiez chanté.
Il eût chanté.   Ils eussent chanté.

3ᵉ Mode, — IMPÉRATIF.

PRÉSENT.   PASSÉ

Chante.   Aie chanté.
Chantons.   Ayons chanté.
Chantez.   Ayez chanté.

4ᵉ Mode. — SUBJONCTIF.

PRÉSENT.   PASSÉ.

Que je chante.   Que j'aie chanté.
Que tu chantes.   Que tu aies chanté.
Qu'il chante.   Qu'il ait chanté.
Que nous chantions.   Que nous ayons chanté.
Que vous chantiez.   Que vous ayez chanté.
Qu'ils chantent.   Qu'ils aient chanté.

IMPARFAIT.   PLUS-QUE-PARFAIT.

Que je chantasse.   Que j'eusse chanté.
Que tu chantasses.   Que tu eusses chanté.
Qu'il chantât.   Qu'il eût chanté.
Que nous chantassions.   Que nous eussions chanté.
Que vous chantassiez.   Que vous eussiez chanté.
Qu'ils chantassent.   Qu'ils eussent chanté.

5ᵉ Mode. — INFINITIF.

PRÉSENT.   PASSÉ.

Chanter.   Avoir chanté.

PARTICIPE.

PRÉSENT.	PASSÉ.
Chantant.	Ayant chanté.

SECONDE CONJUGAISON EN *IR*

—

VERBE MODÈLE : *Finir.*

Conjugaison par modes.

1er Mode. — INDICATIF.

Temps simples.	*Temps composés.*
PRÉSENT.	**PASSÉ INDÉFINI**
Je finis.	J'ai fini.
Tu finis.	Tu as fini.
Il finit.	Il a fini.
Nous finissons.	Nous avons fini.
Vous finissez.	Vous avez fini.
Ils finissent.	Ils ont fini.
IMPARFAIT.	**PLUS-QUE-PARFAIT**
Je finissais.	J'avais fini.
Tu finissais.	Tu avais fini.
Il finissait.	Il avait fini.
Nous finissions.	Nous avions fini.
Vous finissiez.	Vous aviez fini.
Ils finissaient.	Ils avaient fini.
PASSÉ DÉFINI.	**PASSÉ ANTÉRIEUR.**
Je finis.	J'eus fini.
Tu finis.	Tu eus fini.
Il finit.	Il eut fini.
Nous finîmes.	Nous eûmes fini.
Vous finites.	Vous eûtes fini.
Ils finirent.	Ils eurent fini.

FUTUR SIMPLE.	FUTUR COMPOSÉ.
Je finirai.	J'aurai fini.
Tu finiras.	Tu auras fini.
Il finira.	Il aura fini.
Nous finirons.	Nous aurons fini.
Vous finirez.	Vous aurez fini.
Ils finiront.	Ils auront fini.

2e Mode. — CONDITIONNEL.

PRÉSENT.	PASSÉ 1re Forme.
Je finirais.	J'aurais fini.
Tu finirais.	Tu aurais fini.
Il finirait.	Il aurait fini.
Nous finirions.	Nous aurions fini.
Vous finiriez.	Vous auriez fini.
Ils finiraient.	Ils auraient fini.

PASSÉ. 2e Forme

J'eusse fini.	Nous eussions fini.
Tu eusses fini.	Vous eussiez fini.
Il eût fini.	Ils eussent fini.

3e Mode — IMPÉRATIF.

PRÉSENT.	PASSÉ.
Fini.	Aie fini.
Finissons.	Ayons fini.
Finissez.	Ayez fini.

4e Mode. — SUBJONCTIF.

PRÉSENT.	PASSÉ.
Que je finisse.	Que j'aie fini.

Que tu finisses.

Qu'il finisse.

Que nous finissions.

Que vous finissiez.

Qu'ils finissent.

Que tu aies fini.

Qu'il ait fini.

Que nous ayons fini.

Que vous ayez fini.

Qu'ils aient fini.

IMPARFAIT.

Que je finisse.

Que tu finisses.

Qu'il finît.

Que nous finissions.

Que vous finissiez.

Qu'ils fiinissent.

PLUS-QUE-PARFAIT.

Que j'eusse fini.

Que tu eusses fini.

Qu'il eût fini.

Que nous eussions fini.

Que vous eussiez fini.

Qu'ils eussent fini.

5e Mode. — INFINITIF.

PRÉSENT.

Finir.

PASSÉ.

Avoir fini.

PARTICIPE.

PRÉSENT.

Finissant.

PASSÉ.

Ayant fini.

TROISIÈME CONJUGAISON EN *OIR*.

VERBE MODÈLE : *Recevoir*.

Conjugaison par Temps primitifs

1er *Temps primitif.*

INFINITIF PRÉSENT.

Recevoir.

FUTUR SIMPLE.

Je recevrai.

Tu recevras.

Il recevra.

Nous recevrons.

Vous recevrez.

Ils recevront.

CONDITIONNEL PRÉSENT.

Je recevrais.
Tu recevrais.
Il recevrait.
Nous recevrions.
Vous recevriez.
Ils recevraient.

———

2e *Temps primitif*

PARTICIPE PRÉSENT.
Recevant.

INDICATIF PRÉSENT.

Nous recevons.
Vous recevez
Ils reçoivent.

IMPARFAIT.

Je recevais.
Tu recevais.
Il recevait.
Nous recevions.
Vous receviez.
Ils recevaient.

SUBJONCTIF PRÉSENT
(*ou* FUTUR).

Que je reçoive.
Que tu reçoives.
Qu'il reçoive.
Que nous recevions.
Que vous receviez.
Qu'ils reçoivent.

3e *Temps primitif*

PARTICIPE PASSÉ.
Reçu.

PASSÉ INDÉFINI.

J'ai reçu.
Tu as reçu.
Il a reçu.
Nous avons reçu.
Vous avez reçu.
Ils ont reçu.

PASSÉ ANTÉRIEUR.

J'eus reçu.
Tu eus reçu.
Il eût reçu.
Nous eûmes reçu.
Vous eûtes reçu.
Ils eurent reçu.

PLUS-QUE-PARFAIT.

J'avais reçu.
Tu avais reçu.
Il avait reçu.
Nous avions reçu.
Vous aviez reçu.
Ils avaient reçu.

FUTUR COMPOSÉ (ou *futur passé* ou *futur antérieur*).

J'aurai reçu.
Tu auras reçu.
Il aura reçu.
Nous aurons reçu.
Vous aurez reçu.
Ils auront reçu.

CONDITIONNEL PASSÉ.

(1ʳᵉ Forme)

J'aurais reçu.
Tu aurais reçu.
Il aurait reçu.
Nous aurions reçu.
Vous auriez reçu.
Ils auraient reçu.

(2ᵉ Forme.)

J'eusse reçu.
Tu eusses reçu.
Il eût reçu.
Nous eussions reçu.
Vous eussiez reçu.
Ils eussent reçu.

IMPÉRATIF PASSÉ

Aie reçu.
Ayons reçu.
Ayez reçu.

PASSÉ DU SUBJONCTIF.

Que j'aie reçu.
Que tu aies reçu.
Qu'il ait reçu.
Que nous ayons reçu.
Que vous ayez reçu.
Qu'ils aient reçu.

PLUS-QUE-PARFAIT.
DU SUBJONCTIF.

Que j'eusse reçu.
Que tu eusses reçu.
Qu'il eût reçu.
Que nous eussions reçu.

Que vous eussiez reçu.
Qu'ils eussent reçu.

PASSÉ DE L'INFINITIF.

Avoir reçu.
Ayant reçu.

4° *Temps primitif.*

INDICATIF PRÉSENT.

Je reçois.
Tu reçois.
Il reçoit
Nous recevons.
Vous recevez.
Ils reçoivent.

PRÉSENT DE L'IMPÉRATIF.

Reçois.
Recevons.
Recevez.

5ᵉ *Temps primitif.*

PASSÉ DÉFINI.

Je reçus.
Tu reçus.
Il reçut.
Nous reçûmes.
Vous reçûtes.
Ils reçurent.

IMPARFAIT DU SUBJONCTIF.

Que je reçusse.
Que tu reçusses.
Qu'il reçût.
Que nous reçussions.
Que vous reçussiez.
Qu'ils reçussent.

QUATRIÈME CONJUGAISON EN *RE*.

—

VERBE MODÈLE : *Rendre.*

Conjugaison par Temps primitifs.

Temps primitifs.

INFINITIF PRÉSENT.

Rendre.

FUTUR SIMPLE

Je rendrai.
Tu rendras.
Il rendra.
Nous rendrons.
Vous rendrez.
Ils rendront.

CONDITIONNEL PRÉSENT

Je rendrais.
Tu rendrais.
Il rendrait.
Nous rendrions.
Vous rendriez.
Ils rendraient.

—

2ᵉ *Temps primitif.*

PARTICIPE PRÉSENT.

Rendant.

INDICATIF PRÉSENT

Nous rendons.
Vous rendez.
Ils rendent.

IMPARFAIT DE L'INDICATIF.

Je rendais.

Tu rendais.
Il rendait.
Nous rendions.
Vous rendiez.
Ils rendaient

SUBJONCTIF PRÉSENT.

Que je rende.
Que tu rendes.
Qu'il rende.
Que nous rendions.
Que vous rendiez.
Qu'ils rendent.

—

3ᵉ *Temps primitif.*

PARTICIPE PASSÉ

Rendu.

PASSÉ INDÉFINI.

J'ai rendu.
Tu as rendu.
Il a rendu.
Nous avons rendu
Vous avez rendu.
Ils ont rendu.

PASSÉ ANTÉRIEUR.

J'eus rendu.
Tu eus rendu.
Il eut rendu.

Nous eûmes rendu.
Vous eûtes rendu.
Ils eurent rendu.

PLUS-QUE-PARFAIT

J'avais rendu.
Tu avais rendu.
Il avait rendu.
Nous avions rendu.
Vous aviez rendu.
Ils avaient rendu.

FUTUR COMPOSÉ.

J'aurai rendu.
Tu auras rendu.
Il aura rendu.
Nous aurons rendu.
Vous aurez rendu.
Ils auront rendu.

CONDITIONNEL PASSÉ (1re Forme.)

J'aurais rendu.
Tu aurais rendu.
Il aurait rendu.
Nous aurions rendu.
Vous auriez rendu.
Ils auraient rendu.

(2e Forme.)

J'eusse rendu.
Tu eusses rendu.
Il eût rendu.
Nous eussions rendu.
Vous eussiez rendu.
Ils eussent rendu.

IMPÉRATIF PASSÉ

Aie rendu.
Ayons rendu.
Ayez rendu.

PASSÉ DU SUBJONCTIF.

Que j'aie rendu.
Que tu aies rendu.
Qu'il ait rendu.
Que nous ayons rendu.
Que vous ayez rendu.
Qu'ils aient rendu.

PLUS-QUE-PARFAIT DU SUBJONCTIF.

Que j'eusse rendu.
Que tu eusses rendu.
Qu'il eût rendu
Que nous eussions rendu
Que vous eussiez rendu.
Qu'ils eussent rendu.

PASSÉ DE L'INFINITIF.

Avoir rendu.
Ayant rendu.

4e Temps primitif.

INDICATIF PRÉSENT.

Je rends.
Tu rends.
Il rend.
Nous rendons.
Vous rendez.
Ils rendent.

PRÉSENT DE L'IMPÉRATIF.

Rends.
Rendons.
Rendez.

5e *Temps primitif,*

PASSÉ DÉFINI.

Je rendis.
Tu rendis.

Il rendit.
Nous rendîmes.
Vous rendîtes.
Ils rendirent.

IMPARFAIT DU SUBJONCTIF

Que je rendisse.
Que tu rendisses.
Qu'il rendît.
Que nous rendissions.
Que vous rendissiez.
Qu'ils rendissent.

EXERCICES SUR LE VERBE.

70-71-72-100.

39. L'élève travaille, les élèv...... travail...... L'oiseau chante, les...... Le loup hurle, les...... Le serpent rampe, les s...... Le perroquet bavarde, les...... Le merle siffle, les m...... Le chien jappe, les ch...... Le vent souffle, les...... Le chat miaule, les...... La violette parfume, les v...... Le laboureur moissonne, les...... La chèvre broute, les...... Le maître enseigne, les......

70-71-72-100.

40. Le chien est un animal doux, caressant, obéissant et fidèle. Les chiens sont des animaux...... Le linot est un petit oiseau gris, aimable, chanteur. Les linots...... La pluie pénètre dans la terre. Les pluies...... Le chêne est un arbre qui nous donne un fruit appelé gland. es Lchênes...... L'animal le plus utile au cultivateur est le cheval qui laboure la terre et traine les voitures. Les anim......

70-71-72-100.

41. La terre bien labourée, bien semée, donne une récolte abondante, et récompense le cultivateur de son travail. Les terres...... L'animal sauvage habite la forêt, le désert. Les animaux...... L'animal domestique demeure avec l'homme et l'aide dans son travail. Les animaux...... Le paresseux passe sa vie à s'ennuyer, et quitte ce monde sans avoir su se rendre utile. Les paresseux......

100-101.

42. La paresse et l'oisiveté (*conduire*) à la misère. Le travail et l'économie (*procurer*) l'aisance. La tranquillité et le bonheur ne (*connaître*) pas la demeure du méchant. Emile et Auguste (*travailler*) avec persévérance. Charles et Julie (*passer*) leur temps à s'amuser. La bonté et la douceur (*gagner*) les cœurs. Le vent, la tempête (*souffler*) avec violence. La pluie et la neige (*tomber*) souvent au mois de novembre et de décembre. ꬑes plus grandes chaleurs nous (*arriver*) ordinairement au mois de juillet.

100-101.

43. Les petits oiseaux (*vivre*) dans nos bosquets et y (*chanter*) les louanges de Dieu. Les papillons (*parcourir*) les airs et (*embellir*) la nature. Les taupes (*creuser*) la terre et y (*chercher*) leur nourriture. Le menuisier, le tourneur et le charpentier (*travailler*) le bois. Le forgeron, le serrurier et le maréchal (*forger*) le fer. Le saule et le peuplier ne (*croître*) que dans les lieux humides; le sapin et le bouleau, au contraire, ne (*parvenir*) à toute leur hauteur que sur la cime des montagnes ou dans les lieux élevés.

3

100-101.

44. Les cultivateurs intelligents ne *(laisser)* aucune terre sans culture ; ils *(savoir)* que les plus petits profits ne *(devoir)* pas être dédaignés. Les ouvriers laborieux ne *(perdre)* jamais une heure ; ils *(savoir)* que le temps perdu ne se *(retrouver)* jamais. Les montagnes les plus élevées du monde *(renfermer)* d'immenses réservoirs, d'où *(sortir)* les plus grands fleuves, qui *(arroser)* les campagnes et les *(rendre)* fertiles. Les volcans *(vomir)* des matières enflammées.

100-101.

45. Les petits ruisseaux qui *(couler)* dans nos prairies, *(former)* les rivières, qui *(former)* elles-mêmes les fleuves. Les fleuves se *(précipiter)* dans la mer, comme dans un bassin immense. Le soleil *(échauffer)* les eaux de la mer, qui *(s'élever)* alors en vapeurs, *(produire)* les nuages, *(retomber)* en pluies et *(redevenir)* des ruisseaux. Les chats *(aimer)* à jouer ; mais leurs jeux ne *(être)* pas toujours innocents.

100-101.

46. Les loups *(être)* des animaux nuisibles. Ils *(vivre)* dans les forêts et ne *(s'approcher)* de nos habitations que pour nous voler. S'ils *(rencontrer)* un troupeau de moutons, ils se *(précipiter)* au milieu, *(étrangler,)* *(dévorer)* tout ce qui se *)trouver)* sous leurs dents et *(emporter)* ensuite dans leurs repaires les débris de leur férocité. En hiver, par les temps de neige, ils *(devenir)* plus hardis, et souvent *(attaquer)* les femmes et les enfants, quelquefois même les hommes.

100-101.

47. Les écureuils *(être)* de petits quadrupèdes charmants. Ils *(passer)* une partie de leur vie sur les arbres les plus élevés de nos forêts. Ils *(grimper)* avec une facilité étonnante, et quand ils sont poursuivis, *(sauter)* de branche en branche, comme pourrait le faire un oiseau. Ils se *(nourrir)* de glands, de noisettes, de faînes, qu'ils *(amasser)* en grande quantité pour les besoins de l'hiver. Ils *(s'apprivoiser)* facilement et *(devenir)* alors très-familiers et très-aimables.

100-101.

48. Les moineaux se *(trouver)* dans toutes les contrées ; mais c'est dans les villes et dans les villages qu'ils se *(plaire)* le mieux. Ils *(nicher)* sur les arbres, dans les vieux murs, partout enfin où ils *(rencontrer)* un endroit commode. Ils ne nous *(quitter)* pas en hiver, au contraire, à cette époque ils se *(rapprocher)* de nos habitations, *(entrer)* dans nos greniers, ⌐pénétrer⌐ dans nos poulaillers pour y chercher leur nourriture. En été, ils *(rendre)* de grands services à l'agriculteur en détruisant les hannetons.

RÉCAPITULATION : NOMS, ADJECTIFS, VERBES.

LES PAPILLONS.

49. Les papillons sont les créature...... les plus richement paré...... de la nature. On les divise en deux grande...... classe...... : les papillons diurne...... qui parcoure...... les airs pendant le jour, et les pa-

pillons nocturn...... qui ne vole...... que la nuit. Les
papillons diurne...... sont revêtu...... des couleur......
les plus fine...., les plus rare......, les plus écla-
tante...... Il y en a de blanc......, de jaune....., de
noir...., de gris......, de rouge......, de chamarré......,
mais tous sont admirable...... de beauté et d'élé-
gance.

LES PAPILLONS. — SUITE.

50. Quelques-uns vive...... plusieurs jours...... d'autres meurent après quelque...... heure...... d'existence.
Leurs aile...... qui paraisse...... couverte...... d'une pous-
sière fine...... ont de véritable...... plume...... en tout
semblable...... à celle des oiseau...... Mais pour les
distinguer il faut se servir de petit...... instrument......
appelé...... microscopes, qui grossissent les objet......
Alors on est saisi d'admiration à la vue de la richesse de ces plume...... et l'on comprend combien
sont magnifique...... les œuvres de Dieu.

LES PAPILLONS. — FIN.

51. Les papillon...... nocturne...... sont presque
tous d'un gris sombre. Mais ils n'en sont pas
moins d'une rare beauté. Le soir, ils voltigent......
dans nos chambre...... et se brûle..... souvent les
aile..... à la flamme des bougie...... La vie si courte......
de ces petit...... bijou...... est bien l'image de la jeunesse qui passe si vite et ne revient plus. Heureux
ceux qui save...... l'employer à s'instruire, à devenir des homme...... capable...... honnête...... laborieu......
Malheur aux paresseux...... aux dissipé...... qui la
perde en occupation inutile...... : ils ne la retrou-
veront jamais.

VOYAGE DES FLEURS. (A. MARTIN).

52. Les végéta..... n'ont pas comme les anima......

la faculté de se mouvoir ; mais ils peuve..... envoyer
de petite..... colonie..... d'un champ à l'autre. Ils
peuve..... parcourir les vallons..... et visiter les bo-
cage..... Les arbres..... des montagne..... comme les
ormeau..... les bouleau..... les frênes..... les érables.....
ont des semence..... ailée..... qui sont emporté.....
par les vent..... Ces forêt..... à venir traverse..... les
airs et descende..... dans les campagne..... où elles
doive..... former un jour de délicieu..... berceau.....
de feuillage.

VOYAGE DES FLEURS. — FIN.

53. Cependant les végéta..... qui fleurisse..... sur
les..... bords des eau..... portent des graine..... semblable..... à des coquille..... à des pirogue..... et à des
bateau..... Le noyer, le coudrier et l'olivier, qui se
plaise..... sur les rives fleurie..... des ruisseau.....
murmurant....., ont des fruits façonné..... comme de
petit..... tonneau..... Presque toutes les graine..... des
plante..... aquatique..... sont semblable..... à de légère..... gondole..... Souvent on voit ces flotte.....
charmant..... déployant leurs voile..... voguer le long
des fleuve..... et des cana..... s'arrêter sur des rivage..... étranger..... et les couvrir de pelouse..... et
de fleur..... au-dessus desquelles la nature prend
plaisir à incliner mollement les rameau..... d'un
saule pleureur.

54. Les allouette..... ordinaire..... se tienne..... dans
les champ..... de blé, de seigle, d'avoine, de pomme..... de terre. Elles ne se perche..... jamais. Ce
sont des oiseau..... granivore..... qui détruise..... en
automne et en hiver, des quantité..... considérable.....
de graine..... parasite..... En été, leur nourriture
principale..... consiste en vers, œuf..... de fourmi.....,

chenille......, sauterelle...... Les cujeliers ou allouette......
des bois......, habitent surtout les tailli..... Ils se
perchent, mais seulement sur les gros...... branche......
des arbre......

LES LIÈVRES. — (D'après Buffon.)

55. Les lièvres...... sont des anima...... timide...... à
l'excès. Ils vive...... solitaire...... et se creuse...... des
gîte..... Ils dorme...... beaucoup et toujours les œil.....
ouvert...... C'est pendant la nuit qu'ils se promène......
coure...... cherche...... leur pâture...... On les voit souvent au clair de la lune jouer ensemble...... Mais le
moindre mouvement, le bruit d'une feuille qui
tombe suffit pour les troubler. Alors il...... prête......
l'oreille, semble écouter attentivement et fui......
chacun d'un côté différent.

LES LIÈVRES. — SUITE.

56. Les lièvre..... paraisse..... avoir les œil.....
mauvais......; mais, comme par dédommagement,
ils ont l'ouïe très-fin...... et les oreille...... d'une longueur démesuré......, relativement à celle de leur
corps. Ils remue...... ces longue...... oreille...... avec une
extrême facilité. Ils s'en serve...... même comme de
gouvernail pour se diriger dans leurs course...... qui
sont si rapide..... qu'ils devance...... aisément tous les
autre anima....: Les chien...... les plus agile...... les
prenne..... difficilement.

LES LIÈVRES. — SUITE.

57. Comme les lièvres...... ont les jambe...... de devant beaucoup plus courte...... que celles de derrière,
ils coure...... plus facilement en montant qu'en descendant. Aussi, lorsqu'ils sont poursuivi....., ils
commence...... toujours par gagner les côte...... ou
les coteau...... avoisinant...... Ils marche...... sans faire

aucun bruit......, parce qu'ils ont les pied...... couvert...... et garni...... de poil...... même par-dessous. Ce sont peut-être les seul...... animal...... qui aie...... des poil...... au-dedans de la bouche.

LES LIÈVRES. — FIN.

58. Les lièvres ne vive...... que sept ou huit an...... au-plus. Ils passe..... leur vie dans la solitude. Cependant ils ne sont pas aussi sauvage...... que leurs habitude......, et leurs mœurs paraisse...... l'indiquer. Ils sont doux et susceptible...... d'une espèce d'éducation...... On les apprivoise...... aisément, et ils devienne...... même caressant......; mais ils ne s'attache...... jamais assez pour devenir anima...... domestique......; car ceux qui ont été pris...... tout petit...... et élevé...... dans la maison, se mette...... en liberté et s'enfuie...... à la campagne......, dès qu'ils en trouve...... l'occasion.

2ᵐᵉ PARTIE.

—

CHAPITRE V.

NOMS COMPOSÉS.

106. On appelle noms composés, plusieurs mots réunis pour former un nom; comme : *chien-loup, rouge-gorge.*

107. Dans les noms composés, le nom et l'adjectif seuls peuvent prendre la marque du pluriel.

108. Pour écrire les noms composés, au singulier comme au pluriel, il suffit de les décomposer, c'est-à-dire d'en chercher la signification.

Ex. : *Des choux-raves* : Ce sont des *choux*

qui ressemblent aux *raves*; donc *choux* et *raves*, prennent une *s*;

Des *port-d'armes* : Ce sont des permis qui autorisent à porter des *armes*; donc *armes* seul prend une *s*;

Des *blanc-bec* : C'est-à-dire des jeunes gens, sans barbe, qui ont la figure blanche, le *bec-blanc*; donc *bec* et *blanc* restent invariables.

NOMS PROPRES.

109. Les noms propres ne prennent pas la marque du pluriel, quand ils représentent les individus eux-mêmes qui ont porté ces noms ; et on le reconnaît quand on peut supprimer les mots : *les, des, aux,* qui les précèdent.

Ex. : *Les Murat, les Ney peuvent être comparés pour la valeur militaire aux Turenne et aux Condé*, c'est-à-dire les généraux comme *Murat, Ney, Condé* et *Turenne*. Il n'y a pas accord, parce que ce sont les hommes eux-mêmes, et la preuve c'est qu'on peut dire : *Marat et Ney peuvent être comparés à Turenne et à Condé.*

110. Les noms propres prennent la marque du pluriel, quand ils sont employés comme noms communs, c'est-à-dire quand ils désignent des personnages qui ressemblent — par leurs vices ou leurs vertus, leurs qualités ou leurs défauts — à ceux qui ont porté ces noms.

Ex. : *Les La Fontaines seront toujours rares* : C'est-à-dire les poètes comme La Fontaine.

REMARQUES PARTICULIÈRES.

111. Le mot *gens* veut au féminin tous les qualificatifs qui se rapportent à lui et qui le précèdent, et au masculin ceux qui le suivent.

Ex. : *Quelles vilaines gens que les calom-
niateurs.*

112. L'adjectif *tout* se met au masculin quand
il est seul avant *gens*, ou quand il est accompagné d'un adjectif terminé par un *e* muet au masculin.

Ex. : *Tous les gens honnêtes; tous les braves
gens.*

DEUXIÈME PARTIE.

EXERCICES SUR LES NOMS COMPOSÉS, LES NOM PROPRES, ETC.

106.-107.-108.

59. Un porte-plume, des p..... Un chien-loup
des c..... Un tire-bouchon, des t..... Une après-midi
des a..... Un chou-fleur des c..... Un abat-jour, de
a..... Un à-compte, des à..... Un brûle-tout, des b.....
Un casse-noisette, des c..... Un casse-tête, des c.....
Un cerf-volant, des c..... Un œil-de-bœuf, des œ.....

106.-107.-108.

60. Un hôtel-Dieu, des h..... Un gâte-métier, des
g..... Une eau-de-vie, des e..... Un garde-manger,
des g..... Un couvre-pied, des c..... Un coffre-fort,
des c..... Un chou-rave, des c..... Une chauve-souris,
des c..... Un tire-botte, des t..... Un porte-crayon,
des p..... un garde-fou, des g..... Un gagne-petit,
des g.....

107.-108.

61. Un essuie-main, des e..... Un char-à-banc,
des c..... Un contre-poison, des c..... Un corps-de-
garde, des c..... Un rouge-gorge, des r..... Un hoche-

3.

queue, des h...... Un cure-dent, des c...... Un porte-
clé, des p...... Un passe-partout, des p...... Un pince-
sans-rire, des p...... Un porte-lunette, des p...... Un
gâte-tout, des g......

107.-108.

62. Un rez-de-chaussée, des r...... Un vice-amiral,
des v...... Un tire-ligne, des t...... Un va-nu-pied, des
v...... Un serre-tête, des s...... Un sans-cœur, des s......
Un réveil-matin, des r...... Un gros-bec, des g...... Un
rabat-joie, des r...... Un garde-national, des g......
Une garde-nationale, des g...... Un procès-verbal,
des p......

107.-108.

63. Un post-scriptum, des p...... Un passe-port,
des p...... Un bec-croisé, des b...... Un orang-outang,
des o...... Une malle-poste, des m...... Un martin-pê-
cheur, des m...... Un loup-garou, des l...... Un sous-
préfet, des s...... Un porte-drapeau, des p...... Un
avant-coureur, des a...... Un coq-à-l'âne, des c...... Un
serre-tête, des s...... Un bec-figue, des b......

109.-110.

64. Les Pline......, les Buffon......, les Aristote......,
les Cuvier......, les Latreille...... sont les naturalistes
les plus célèbres du monde entier. Saint Paul
disait : « Le temps me manquerait si je vous par-
lais en détail de la foi des Gédéon......, des Samson......, des Bara......, des David......, des Samuel......,
des Jephté......,

Les peuples anciens ont eu leurs Napoléon......
Les Corneille......, les Racine...... les La Fontaine......,
sont la gloire de la France. Les Pascal...... et les
Newton...... n'apparaissent que de loin en loin.

109.-110.-111.-112.

65. Les Guise...... se sont rendus célèbre..... sous les Valois. Les gens les plus indulgent...... sont généralement les plus vertueux...... Tou...... les honnêtes gens sav...... rendre justice au mérite. Les vieu,..... gens sont soupçonneu...... Les jeunes gens sont vaniteu...... Les avares sont les plus mauvais...... gens que l'on puisse voir. Les prodigues sont de sot..... gens. Les Saint-Vincent...... de Paul sont bien rares. Nous devons imiter les Tobie...... et les Job...... bénissant Dieu dans leur malheur.

109.-110.-111.-112.

66. Les boule...... dogue...... et les chien...... loup..... sont terrible...... quand ils sont irrité...... Les chou......-navet et les chou......-fleur...... sont des légume...... précieux...... Les deux Corneille...... sont nés à Rouen. Les Fénélon......, les Racine......, les Bossuet......, vivai...... sous Louis XIV. L'histoire compte plus de Néron...... que de Henri...... IV. Les oiseau......-mouche...... sont les chef......-d'œuvre de la nature. Tous...... les vieu...... gens ne sont pas chagrin......, mais presque tous...... les jeunes gens sont gai...... Un vieux proverbe dit : braconniers comme des garde......-chasse......

109.-110.-111.-112.

67. Les espri...... faible...... ont peur des revenants...... et des loup......-garou...... Les ver......-à-soie nous vienne...... de la Chine. L'argent et la bonne mine sont les plus sûr...... des passe......-partout...... Les garde......-champêtre sont ordinairement armé...... de coupe......-chou...... Les mauvaise...... actions...... sont les plus terribles...... des réveille......-matin...... Les gens qui travaille...... au rabais sont des gâte......-métier...... Les perce......-neige...... sont des fleurs dont les tiges perce...... la neige.

109.-110.-111.-112.

68. Les avares ne dorme......jamais tranquille....; ils pense..... toujours à leurs coffre......-fort..... Si l'antiquité a eu ses César..... et ses Alexandre....., la France a eu ses Charlemagne...... et ses Napoléon...... Les vieu..... gens sont souvent ennuyeu....; parce qu'ils répète..... toujours les même..... chose....... Les contre......-poison...... les plus facile...... à employer sont le lait et le lait-caillé. Les gros-bec...... se nourrisse...... de noyau..... de cerise...... Les bec......-croisé..... aime...... les graine..... du fruit du pin.

CHAPITRE VI.

DE L'ARTICLE.

113. L'article est un mot que l'on place devant les noms pour en indiquer le genre et le nombre.

Les articles sont :

Le, pour le masculin singulier ;

La, pour le féminin singulier ;

Les, pour le pluriel masculin ou féminin ;

Du, mis pour *de le ;*

Des, mis pour *de les ;*

Au, mis pour *à le ;*

Aux, mis pour *à les.*

114. L'article s'accorde en genre et en nombre avec le mot auquel il se rapporte.

CHAPITRE VII.

DE L'ADJECTIF DÉTERMINATIF.

115. L'adjectif déterminatif sert à faire *dis-*

tinguer les noms.

116. Il s'accorde en genre et en nombre avec le mot auquel il se rapporte.

117. Il y en a quatre espèces : *possessifs, démonstratifs, numéraux* et *indéfinis.*

ADJECTIFS POSSESSIFS.

118. Les adjectifs possessifs font distinguer le nom, en y ajoutant une idée de propriété. Ce sont :

Mon, ton, son, pour le masculin singulier ;

Ma, ta, sa, pour le féminin singulier ;

Notre, votre, leur, pour le singulier masculin ou féminin ;

Mes, tes, ses, nos, vos, leurs, pour le pluriel masculin ou féminin.

NOTA. — Au féminin, on emploie *mon, ton, son,* quand le mot suivant commence par une voyelle ou une *h* muette. C'est pour la douceur de la prononciation.

Ex. : *Mon histoire, ton estime, son amitié.*

ADJECTIFS DÉMONSTRATIFS.

119. Les adjectifs démonstratifs font distinguer le nom, en y ajoutant une idée d'indication, ce sont :

Ce, pour le masculin singulier ;

Cette, pour le féminin singulier ;

Ces, pour le pluriel masculin ou féminin.

NOTA. — Au masculin, on emploie *cet,* quand le mot suivant commence par une voyelle ou une *h* muette : c'est pour la douceur de la prononciation. Ex. : *Cet enfant, cet homme.*

ADJECTIFS NUMÉRAUX.

120. Les adjectifs numéraux servent à compter. Ce sont : *un, deux, trois,* etc.

ADJECTIFS INDÉFINIS.

121. Les adjectifs indéfinis font distinguer le nom d'une manière vague. Ce sont : *tel, certain, quelconque, tout, même, quelque*, etc.

REMARQUES PARTICULIÈRES.

122. *Vingt* et *cent* prennent la marque du pluriel, quand il y a plusieurs fois *vingt* et plusieurs fois *cent*, et qu'ils ne sont pas suivis d'un autre nombre.

Ex. : *Quatre-vingts soldats. — Combien y a-t-il d'élèves dans cette classe ? — Deux cents.*

123. Ils sont invariables quand ils signifient *vingtième, centième.* Ex. : *Page trois cent, chapitre quatre-vingt.*

124. *Mille* employé comme nombre ne s'accorde jamais. Quand on compte les années écoulées depuis Jésus-Christ, il s'écrit *mil.* — Employé comme nom commun, pour une mesure de chemin, il s'accorde comme les autres noms.

125. *Quelque même* et *tout* sont adjectifs quand ils sont placés devant un nom. Ex. : *Quelques enfants sont venus à l'école. — Vous avez toujours les mêmes devoirs. — Tous les oiseaux ne volent pas.*

126. *Quelque* devant un verbe s'écrit en deux mots : *Quel* s'accorde avec le sujet du verbe et *que* reste invariable.

Ex. : *Quelle que puisse être votre mémoire, vous avez oublié bien des choses déjà.*

127. *Même* est encore adjectif quand il est placé après un seul nom. Ex. : *Ce sont mes frères mêmes qui sont venus.*

128. *Tout* placé devant un adjectif féminin qui

commence par une consonne ou une *h* aspirée
s'accorde en genre et en nombre; c'est pour la
douceur de la prononciation. Ex. : *Ces fleurs
sont toutes fanées. — Ces terres sont toutes
hersées.*

129. *Tout* placé devant *autre* est adjectif quand
on peut supprimer *autre*. Ex. : *Je ne puis accepter toute autre condition.*

Tout est adjectif, parce qu'on peut dire : *Je ne
puis accepter toute condition différente ou
autre.*

130. Les adjectifs *nu* et *demi* sont invariables
quand ils sont placés devant le nom. *Sortir nu-
tête. — Une demi-heure.*

131. Quand un adjectif qualifie des noms syno-
nymes ou d'une signification à peu près semblable,
ou des noms liés par *ou*, il s'accorde avec le dernier.

Ex. : *Cet homme a montré une fermeté, une
tenacité inébranlable. — Pour réussir dans
cette affaire, il faudrait un talent ou un bonheur incroyable.*

132. Quand deux adjectifs se qualifient l'un
l'autre, ils restent invariables. Ex. : *Des étoffes
vert-foncé,* ce qui signifie d'un vert foncé. Dans
ces sortes de cas il faut toujours décomposer l'adjectif, c'est-à-dire en chercher la signification. Il
en est de même dans les phrases : *Des rubans
orange, paille, ponceau......* c'est-à-dire de la couleur de l'*orange,* de la *paille,* du *ponceau* (pavot).

EXERCICES SUR L'ADJECTIF.

118-119.

69. Ce...... petit garçon travaille...... avec ardeur.

Ce...... homme est persévérant...... et courageu......; il réussira certainement dans son entreprise. Charles étudie...... sa...... histoire et sa...... grammaire. Ta......, encre est grisâtre......, aussi ta...... analyse est à peine lisible...... Ce...... oiseau..... ne vit qu'en Amérique. Ce...... élève est paresseux; ses camarade...... le lui dise...... souvent; mais il ne profite...... pas de leurs avis. Le général a été vaincu, parce que sa...... armée n'était pas discipliné......

122-123-124.

70. Aujourd'hui la France compte...... quatre-vingt...... neuf département...... Nous avons en temps de paix une armée de trois cent...... mille...... homme...... En temps de guerre, elle peut être porté...... à huit cent...... mille...... Chez plusieurs peuple...... on compte les distance...... par des mille...... et non par des kilomètre...... L'an mille...... quatre cent...... quatre-vingt...... douze, Christophe Colomb découvrit l'Amérique. Un imbécile ayant entendu dire que les corbeau...... vive...... plus de deux cent...... ans, en acheta un pour vérifier le fait.

122-123-124.

71. Cinq kilomètre...... font à peu près trois mil...... d'Angleterre. Charlemagne fut couronné empereur d'Occident, l'an huit cent...... Le sage Socrate mourut l'an quatre cent...... avant l'ère chrétienne, c'est-à-dire quatre cent...... ans avant la naissance de Jésus-Christ. L'imprimerie a été inventé...... en mille...... quatre cent...... quarante, par Guttemberg. L'armée alliée se composait de deux cent...... mille...... soldats. L'armée assiégeante n'en comptait que cent...... quatre-vingt...... mille...... six cent......

125 à 129.

72. Les animau...... même...... éprouve...... le sentiment de la reconnaissance. Tou...... les homme......
sont frère....., quelque...... grande...... que soi...... les
distance...... qui les sépare...... et quelque...... soi......les
inégalité...... que la nature et la société aie...... mise......
entre eux. Les oiseau...... même...... chante..... la gloire
de Dieu. Les ombre...... qui passe....., les vent....qui
souffle....., les feuille..... même...... qui tombe...... épouvante...... le coupable. La seconde partie de la vie
se passe...... quelquefois tout...... entière à regretter
la première. Les heure..... se suive....., mais tout......
ne se ressemble...... pas.

125 à 129.

73. Nous ne mourrons pas tout..... entiers ;
il restera de nous quelque chose qui n'est point
destiné à périr : c'est l'âme. On a vu des coupable....., se livrer eux-même...... à la justice pour
échapper au remords. Quel...... que...... soit la reconnaissance des enfants, elle ne peut jamais égaler
les bienfait...... dont ils ont été comblé...... par leurs
parent...... Un petit montagnard avait les mains
tout...... rouge...... de froid, les yeux tout...... humide......
de larme....., la poitrine tout...... gonflé......de soupirs.

125 à 129

74. La fortune et les honneur...... rend..... les
homme...... tout..... autre...... qu'ils n'étai...... dans la
misère. En arithmétique la méthode dite par l'unité est préférable à tout...... autre. Les même......
causes produise...... souvent des effets différent......
La vertu est le souverain bien ; tout..... autre richesse n'est pas durable. Quelque......remarquables
que soi..... les connaissances..... que donne...... l'é-

tude, quelque...... puisse...... être l'expérience que l'on a
acquise, il ne faut pas oublier que ces avantages......
tout...... réel..... qu'ils peuve...... être, ne sont rien sans
la modestie.

125 à 129.

75. Pour réussir dans le monde, il ne suffit pas
de quelque...... talents ; il faut encore bien d'autre......
qualités. Quelque...... grands artistes qu'aie...... été
Rubens et Le Titien, leurs œuvre...... n'approche......
pas de celles de Raphaël. Nous pourrons toujours
triompher du mal par une volonté ferme et persévérant......, quel..... que soit...... la g.andeur et le nombre de nos faute...... commise...... Telle vie, telle
mort : vivons donc de telle sorte que nous soyons
toujours tout...... préparé...... à mourir.

125 à 129.

76. La paresse est la mère de tou...... les vices.
Parmi les êtres qui peuple...... le monde, le plus
beau est le petit oiseau-mouche : ses plumes
réunisse...... tout..... les couleurs de l'arc-en-ciel. Les
vieillards ont souvent l'habitude de dire : il y a
quelque...... vingt..... ans, quelque...... quatre-vingt......
ans, pour : il y a environ vingt ans, environ quatre vingt...... ans. De quelque...... talents, de quelque......
avantages que l'on soit doué, on doit toujours être
modeste : l'orgueil ternit les qualités même...... les
plus brillante......

125 à 129.

77. Nous devons regarder nos amis comme
d'autres nous mêmes...... La religion peut nous rendre heureux au milieu de nos malheurs même......
Quel...... que soi...... la science et le génie d'un
homme, quelque...... études qu'il ait faites, il ren-

contre à chaque instant des mystères, surtout dans
la nature. Une âme éprouvé...... par le malheur a
une tout...... autre force que celle qui n'a vécu que dans
la prospérité. Tout...... puissance est faible, à moins
que d'être uni......

125 à 129.

78. A la vue des merveilles de la nature, l'âme
demeure...... tout...... étonné......, tout émerveillé......,
tout...... stupéfait...... Quel...... que puisse.... être les
ruses des méchant......, elles ne peuve......rien contre
l'honnête homme. Il peut être persécuté......, mais
sa conscience lui suffit, et intérieurement ses ennemis même...... l'admire...... Les bienfait.... même......
double...... de prix, lorsqu'ils sont accompagné...... de
manière...... obligeante......

125 à 129.

79. Le dimanche, nous devons nous abstenir de
tout...... occupation manuel......, quel...... que...... pres-
sant...... qu'elle soi...... Mathusalem avait quelque......
neuf cent...... soixante-neuf...... ans, lorsqu'il mourut.
Tout.... belles, tout.... fraîche......, tout...... élégante......
que puisse...... être des fleurs artificielle......, elles
n'approche...... jamais de la dernière paquerette de
la prairie. Peut-on regarder la voûte céleste, tout......
étoilé, tout...... resplendissant...... de lumière, sans
penser à la tout...... puissance du Créateur.

130-131-132.

80. Les sauvage...... de l'Amérique du Nord
voyage...... souvent nu...... pied......, quelquefois même......
ils ont les jambe...... nu...... Les horloge.... publique......
sonne...... généralement les heure.... et les demi......
Une demi......-heure perdu...... ne se retrouve...... jamais.
Les demi......-mesures, les demi......-moyens; les

demi...... remède...... sont plus dangereux que le mal
lui-même...... Pour réussir dans les grande...... entreprise......, il faut une patience, une persévérance
inébranlable...... L'intrépidité, le sang-froid étonnant...... qu'a montré le général, lui a fait rempor-
ter une victoire signalé......

130-131-132.

81. Les habitant...... des contrées septentrional......
ont presque tous les cheveu...... blond...... clair...... ou
blond...... cendré...... La tête du paon est orné...... de
vingt......-quatre petit...... plume...... bleu...... azur...... Sa
gorge, son cou, sa poitrine sont bleu...... foncé......,
nuancé d'or et de vert...... éclatant. Ses fausse......
aile...... ou longues couverture...... sont brun...... rou-
geâtre...... Mais sa voix est désagréable...... et ses
pied...... sont très-laid...... Cinq demi......-heure font
deux heure...... et demi......

130-131-132.

82. Une volonté inflexible...... ou un bonheur
extraordinaire...... peut seul réussir dans certain......
entreprise...... Le géantGoliath avait, dit l'Ecriture,
dix pied...... et demi...... de hauteur. Saint Louis et
Henri IV avai...... une bonté, une douceur, une
prévenance inaltérable...... Les fleurs rose......-ten-
dre...... sont assez rare...... Autrefois les pèlerin......
qui allai...... à Jérusalem voyageai...... nu...... jambes,
nu tête. Les chartreu...... sont d'une austérité, d'une
sobriété excessif......

CHAPITRE VIII.

DU PRONOM.

133. Le pronom est un mot qui remplace le

nom. Ex. : *Emile est un bon élève; il travaille avec goût. Il* est un pronom qui remplace *Emile,* et la preuve, c'est qu'on peut dire : *Emile travaille avec goût.*

134. Le pronom s'accorde en genre, en nombre et en personne avec le mot qu'il remplace.

135. Il y a cinq espèces de pronoms : *personnels, possessifs, démonstratifs, relatifs et indéfinis.*

PRONOMS PERSONNELS.

136. Le pronom personnel remplace les personnes.

137. Les pronoms de la première personne sont : *je, me, moi,* pour le singulier ; *nous* pour le pluriel.

NOTA. — Quelquefois les fonctionnaires publics ou les auteurs emploient *nous* au singulier. Alors les adjectifs qui s'y rapportent restent au singulier.

Ex. : *Nous soussigné, maire de etc. Nous soussignée, institutrice de...... Dans ce volume, nous nous sommes appliqué surtout......*

138. Les pronoms de la deuxième personne sont : *tu, te, toi,* pour le singulier ; *vous* pour le pluriel.

NOTA. — Quelquefois par politesse on emploie *vous* au singulier. Alors les adjectifs qui s'y rapportent restent au singulier. Ex. : *Vous n'êtes pas sage, Jeanne, vous serez punie.*

139. Les pronoms de la troisième personne sont pour :

Le masculin singulier : *il, le.*

Le féminin singulier : *elle, la.*

Le masculin pluriel : *ils, eux.*

Le féminin pluriel : *elles*.

Le singulier masculin et féminin *lui, soi*.

Le pluriel masculin et féminin : *les, leurs*.

Les deux genres et les deux nombres *en, y se*.

Nota. — Quelquefois le mot *même* est placé après les pronoms *moi, nous, toi, vous, lui, soi, elle, elles, eux*, alors ce mot se lie par un trait-d'union et s'accorde comme adjectif Ex. : *Nous-mêmes, lui-même, eux-mêmes*.

PRONOMS POSSESSIFS.

140. Le pronom possessif remplace les noms en y ajoutant une idée de propriété. Ces pronoms sont pour :

Le masculin singulier : *le mien, le tien, le sien, le nôtre, le vôtre, le leur* ;

Le féminin singulier : *la mienne, la tienne, la sienne, la nôtre, la vôtre, la leur.* ;

Le masculin pluriel : *les miens, les tiens, les siens* ;

Le féminin pluriel : *les miennes, les tiennes, les siennes* ;

Le pluriel masculin ou féminin : *les nôtres, les vôtres les leurs*.

PRONOMS DÉMONSTRATIFS.

141. le pronom démonstratif remplace le nom en y ajoutant une idée d'indication. Ces pronoms sont pour :

Le masculin singulier : *ce, ceci, cela, celui, celui-ci, celui-là* ;

Le féminin singulier : *celle, celle-ci, celle-là* ;

Le masculin pluriel : *ceux, ceux-ci, ceux-là* ;

Le féminin pluriel : *celles, celles-ci, celles-là* ;

PRONOMS RELATIFS.

142. Le pronom relatif ou conjonctif remplace un nom ou un autre pronom placé avant lui, et qu'on appelle pour cela *antécédent*. Ces pronoms sont pour :

Le masculin singulier : *lequel, duquel, auquel ;*

Le féminin singulier : *laquelle, de laquelle, à laquelle ;*

Le masculin pluriel : *lesquels, desquels, auxquels ;*

Le féminin pluriel : *lesquelles, desquelles, auxquelles ;*

Les deux genres et les deux nombres : *qui, que, quoi, dont, où.*

PRONOMS INDÉFINIS.

143. Le pronom indéfini remplace le nom d'une manière vague.

Ces pronoms sont pour :

Le masculin singulier : *aucun, autrui, chacun, l'un, nul, on, personne, quelqu'un, quiconque, rien, tel, tout ;*

Le féminin singulier : *aucune, chacune, l'une, nulle, quelqu'une, telle ;*

Le singulier masculin ou féminin : *l'autre ;*

Le masculin pluriel : *les uns, quelques-uns, tels, tous ;*

Le féminin pluriel : *les unes, quelques-unes, telles, toutes ;*

Le pluriel masculin ou féminin, *les autres, plusieurs.*

EXERCICES SUR LE PRONOM.

134-137-138-139.

LES CHIENS. (D'après Buffon.)

83. Les chiens, ont par excellence, tou..... les

qualités...... qui peuve...... leur attirer les regards de l'homme. Il...... vienne...... en rampant mettre au...... pied de leur maître, leur...... courage......; leur...... force......, leur talent...... Il...... attende...... ses ordre...... pour en faire usage. Il...... le consulte......, il l'inter-roge......, il le supplie...... Un coup-d'œil suffit : il...... entende...... les signe...... de sa volonté. Plus sensible...... au souvenir des bienfait...... qu'à celui des outrage......, il...... ne se rebute......, pas par les mauvais...... traite-ment......

134-137-138-139.

LES CHIENS. — SUITE.

84. Les chiens subisse...... les mauvais traitement...... et les oublie......, ou ne s'en souvienne...... que pour s'attacher davantage. Loin de s'irriter ou de fuir, il...... s'expose...... eux-même......à de nouvelle...... épreu-ve...... il...... lèche...... cette main, instrument de dou-leur qui vient de les frapper. Il...... ne lui oppose...... que la plainte, et il...... la désarme...... enfin par la patience et la soumission. Il...... connaisse...... les amis de leur maître, et les caresse......

134-137-138-139.

LES CHIENS. — SUITE.

85. Lorsqu'on a confié à des chien...... la garde de la maison, il...... devienne...... plus fier...... et quel-quefois féroce...... Il...... veille......, il...... font la ronde, il...... sent...... de loin les étranger...... Alors il...... donné...... l'alarme, avertissent......, combatte...... et meure...... s'il le faut. Plus docile...... qu'aucun autre animal......, non-seulement il...... s'instruise...... en peu de temps, mais même il...... se conforme...... aux mouvement......, au...... manière...... des hôtes...... du logis.

134-137-138-139.

LES CHIENS. — FIN.

86. On peut dire...... que les chien...... sont les seul...... animal...... dont la fidélité soit à l'épreuve ; les seul...... qui connaisse .... toujours leurs maître...... et les ami...... de la maison ; les seul...... qui, lorsqu'il...... arrive...... un inconnu, s'en aperçoive....... ; les seul...... qui entende...... son nom, et qui reconnaisse...... la voix domestique ; les seul...... qui, dans un voyage long...... qu'il...... n'auront fait qu'une fois, se souvienne...... du chemin ; les seul...... enfin qui, lorsqu'il...... ont perdu leur maître, et qu'il...... ne peuve...... le retrouver, l'appelle...... par leurs gémissement...... et se laisse...... mourir sur sa tombe.

134-137-138-139.

87. Vous n'êtes pas sage......, petit enfant : vous n'obéissez pas promptement. Prenez bien garde, lorsque dans quelque...... années, vous serez devenu...... grand......, fort......, maître...... à votre tour, on ne vous obéira pas non plus, et ce sera une punition bien mérité....... Sur les acte...... public......, on trouve souvent ces formule...... : Nous soussigné......, maire ; nous, soussigné...... Charles, d'une part, et Joseph, d'autre part......; les soussignés...... sont convenu...... que......

134-137-138-139.

88. Un auteur anglais, Young, a dit : Dieu a tracé son nom dans les *ciel*...... en lettre...... de feu, et sur la terre, en lettre...... de fleur....... Les fleur...... sont, en effet, les plus belle...... et les plus agréable...... créature...... de Dieu. Il...... charme...... la vue par l'éclat de leur...... couleur...... et *il* embaume...... les airs...... par la suavité de leur...... parfum....... Les

rose...... surtout sont admirable......; aussi *il* sont nommé...... les reines des fleurs....... *Il* se cultive...... partout, sur le sommet...... des montagne......, comme au fond des vallée......

140.

89. Le Nil a son embouchure dans la Méditerrannée; la Seine a le sien...... dans la Manche. Vos devoirs sont-il...... fini......; j'ai terminé les mien......, Chacun de nous a ses qualité...... et ses défauts......; les savant...... ont les leur...... comme nous avons les nôtre....... Le Christ a dit : Vous voyez une paille dans l'œil de votre frère, et vous n'apercevez pas une poutre qui est dans le......: vôtre....... Supporte les défaut...... des autre......, si tu veux qu'il...... supporte...... les t......

141-142.

90. N'imitons ni les prodigue...... ni les avare...... : les uns et les autre...... sont malheureu...... : ceu......-ci parce qu'ils ne savent jouir de leur...... bien......, et ceux-là parce qu'il...... en jouisse...... follement. Les chose...... au......quel...... on s'attache...... le plus facilement, sont cel...... qui flatte...... la vanité. Les violette...... sont de petite...... fleurs sur la......quelle on porte rarement son attention, parce qu'*il* ont une robe modeste; mais aussi quel délicieu...... parfum *il*...... répande......

141-142-143.

91. Parmi tout...... les ancien...... province...... de France, quelque......-une...... sont très-riche......, comme la Normandie, la Lorraine; mais aucun...... ne peut être comparé...... à la Touraine pour la richesse et la beauté. Il n'est pas de travau...... si pénible...... qu'il...... puisse...... être, aux......quel...... ne se livre...... l'homme

courageu..... et l'ambitieux qui veulent l'un et l'autre réussir..... Des plaines semé..... de blé vale.....
beaucoup mieux que des plaine...... semé...... de fleur.....
Celle.....-ci..... ne procure...... que de l'agrément ;
celle.....-là donne...... la richesse.

CHAPITRE IX

DU VERBE

RÈGLES PARTICULIÈRES SUR L'ACCORD DU VERBE

144. Quand un verbe a pour sujet des mots sy-
nonymes, des mots d'une signification peu différente, ou des mots formant une série sans liaison
par *et*, il s'accorde avec le dernier, parce que les
autres sont les sujets d'un verbe sous-entendu.

Exemples : *L'assiduité, l'exactitude fait
triompher de bien des difficultés;* c'est-à-dire
l'assiduité fait triompher.... et l'exactitude fait
triompher....

*Le zèle, le dévouement à ses fonctions n'est
pas une vertu, mais un devoir rigoureux;*

*La bienveillance, la bonté, la douceur, la
charité gagne les cœurs.*

145. Quand un verbe a pour sujet des mots liés
par *comme, de même que, ainsi que, aussi bien
que, autant que, plus que*, il s'accorde avec le
premier, parce que le second est le sujet d'un verbe
sous-entendu.

Exemple : *La Corse, de même que la Sicile,
est une île de la Méditerranée;* c'est-à-dire *La
Corse est une île..., de même que la Sicile est
une île.*

146. Quand un verbe a pour sujet des mots liés par *ou*, il s'accorde avec le *dernier*, parce que lui seul fait l'action du verbe.

Exemple : *C'est Émile ou Charles qui recevra le premier prix.* Il n'y en a qu'un pour recevoir le premier prix.

Nota. — Si les sujets liés par *ou* ne sont pas de la même personne, le verbe se met au pluriel et à la première des personnes représentées par ces sujets.

Exemple : *C'est Charles ou toi qui partirez.*

147. Quand un verbe a pour sujet *ni l'un ni l'autre* ou des mots liés par *ni*, il se met tantôt au singulier, tantôt au pluriel ; c'est le sens de la phrase qui guide.

Exemples : *Ni la gloire, ni la fortune ne nous rendent heureux;* c'est-à dire *la gloire et la fortune....*
Ni Emile ni Charles n'obtiendra le premier prix. Il n'y en a qu'un qui puisse obtenir ce prix.

148. Quand le verbe *être* a pour sujet *ce*, il se met au singulier ou au pluriel, selon la pensée de l'écrivain ou l'harmonie de la phrase ; mais le plus souvent il se met au pluriel, quand il est suivi d'une troisième personne du pluriel.

Exemples : *Ce sont mes frères.* — *C'est nous.* — *C'est vous;*
C'est eux, ou *ce sont eux;*
Ce n'était que festins;
Fût-ce mes amis qui me prieraient, je refuserais.

149. Quand un verbe est précédé d'un des mots : *peu, beaucoup, assez, la plupart,* il se met au pluriel, parce qu'il a pour sujet un mot pluriel, sous-entendu.

Exemples : *Beaucoup pensent que la fortune donne le bonheur* ; c'est-à-dire : *Beaucoup d'hommes.*

EXERCICES SUR LE VERBE.
144-145-146.

92. L'homme est réellement le plus faible......, des être...... de la nature : une goutte d'eau, un souffle, une vapeur suffi...... pour le tuer. — L'oiseau de passage, comme le faux ami, arrive...... aux jours heureu...... et s'enfui...... aux approche...... de l'orage. — Les bien......, les honneur......, les homme......, les peuple...... même......, tout passe...... comme une ombre. La paresse ou le vice peu...... portera...... action...... les plus criminel....... C'est votre frère ou vous qui obtiendr...... le premier prix. Le cheval, aussi bien que le chien (être) docile......

144-145-146.

93. L'ennui, le chagrin, la paresse abrége...... la vie. Le jeune homme, comme la jeune plante, éprouve le besoin d'un support. Le lièvre est craintif à l'excès : le moindre bruit, le vol d'un oiseau, le souffle du vent l'effraie....... Henri IV était non-seulement un grand roi, mais un grand capitaine : son courage, son intrépidité, étonnai...... les plus brave....... La tempête détruit tout : vaisseau de haut...... bord......, frégate......, barque légère......, rien n'échappe à sa fureur.

144-145-146.

94. La réflexion, ainsi que la conscience, rend...... courageu...... dans le malheur. Le désir ou l'espérance inspire...... bien des action....... Nous devons nous sacrifier lorsque la patrie, la religion, la fa-

mille nous le commande...... Qui pourrai..... dire tou.....
les mal...... qu'...... causés la paresse ou la négligence.
Emile, Charles ou toi sera...... désigné pour occuper le poste vacant. Ce que l'on a bien étudié,
bien appris, reste...... dans la mémoire.

147-148-149.

95. Ni la fortune, ni la gloire, ni la puissance
ne peu...... étouffer les remords dans le cœur du
méchant. La grive siffle admirablement; l'hirondelle amuse...... par son gazouillement; mais ni
l'une ni l'autre n'arrive...... au chant harmonieu.....
de la fauvette. Avant d'agir, nous devons toujours
penser que l'estime ou le mépris public...... nous attend...... Ne vous étonnez pas que ni Louis, ni Paul,
ne soi...... nommé au poste vacant, car ni l'un ni
l'autre ne le mérite......

147-148-149.

96. Que de gens désire...... la gloire; mais qu'il y
en a peu qui sache...... combien elle coûte...... Etai......-ce
les soldat...... qu'il fallait punir de leur défaite?
N'étai......-ce pas plutôt le général inhabile? On ne
doit jamais mentir à sa conscience, fu......-ce pour
sauver sa vie...... Ni Auguste, ni Charles n'a...... assez
travaillé, et je crois que ni l'un ni l'autre de ces
élève...... ne ser...... reçu...... le premier aux prochain......
examen......

147-148-149.

97. Les oiseau...... à bec...... fin...... émigre...... presque
tous. Peu nous reste...... en hiver; la plupart, au.....
approche...... des froid......, se dirige...... vers les contrée...... méridional...... Pensez-vous donc que ce soi.....
des ennemis à mépriser, que ces homme...... que
vous avez réduit à désirer la mort? Ne (être)......-ce

pas des corbeau...... que nous voyons planer dans les air.....? Oui, c'en (être)..... Ni la douceur, ni la force, ni la raison ne peu...... convaincre un entêté.

147-148-149.

98. Ce n'étai...... pas le général qu'il fallai...... plaindre, c'étai...... les malheureu...... soldat...... victime...... de l'incapacité; ou plutôt n'étai......-ce pas leurs père......, leurs mère......, leurs parent...... Les habitant...... des contrée...... froide...... sont presque tous misérable...... La plupart vi...... dans des hutte...... souterrain......, beaucoup se nourri.....- de poissons cru..... Ce (être)..... bien souvent l'inconduite et l'oisiveté qui cause...... nos malheur...... Ni la richesse, ni la gloire ne val...... la santé. Le tonnerre, bien plus que le canon effraie...... les timide...... et les ignorant......

1 à 149.

L'AUBÉPINE

99. Il y a des plante...... qui rappelle...... des souvenir...... si tendre......, que leur nom seul...... porte...... à une rêverie doux...... mélancolique...... : tel...... est l'aubépine. C'est l'une des plus bel...... fleur..... et aussi l'une des plus suave...... L'aubépine est une fleur charmant......, modeste......, dont l'apparition aux premier...... beau...... jour...... rempli...... l'âme d'un...... saint...... joie, car *il*...... annonce...... le printemps et ses charme...... Aussi les Grec...... et les Romain..... en avai......-il...... fait le symbole de l'espérance.

1 à 149.

L'AUBÉPINE. — SUITE.

100. Les jeune..... femme..... grec...... et les dame..... romain...... portai...... des rameau...... d'aubépine au......

noce...... de leurs compagne...... d'enfance...... En Grèce, aujourd'hui encore, les paysan...... ont conservé la coutume de suspendre des branche...... d'aubépine au-dessus du berceau de leurs nouveau......-né......, afin d'obtenir que le ciel les protége...... Dans les Basse...... et les Haute......-Pyrénée......, au mois de mai, on plante...... dans les champ......, les pré......, les vigne......, de petit...... croi...... que l'on surmonte d'un bouquet...... de fleur...... d'aubépine, afin d'obtenir les bénédiction...... de Dieu sur les récolte...... futur......

1 à 149.

L'AUBÉPINE. — SUITE.

101. Il y a une vingtaine d'année...... à peine, au premier jour du mois de mai, à Bordeaux, on suspendai...... dans les rue...... des couronne...... faite...... de rameau...... d'aubépine en fleur...... Et le soir, à la lueur de torche......, d'aubépine encore, on se livrai...... à tout...... sorte...... de réjouissance......, comme pour fêter le retour des beau...... jour....... Enfin, en Lorraine, le premier mai, les gens de la campagne orne......, de fleur...... d'aubépine, la tombe de leur...... parent...... et de leur...... ami.......

1 à 149.

L'AUBÉPINE. — SUITE.

102. L'aubépine, que l'on appelle vulgairement épine blanc......, croît partout et n'exige aucun soin de culture. El...... se reprodui...... par des graine...... que l'on sème en automne, après leur maturité complet......, mais qui ne lève...... le plus souvent que la second...... année. On peut la multiplier aussi au moyen de pied......, que l'on arrache dans les forêt...... et que l'on transplante...... ensuite, ou enfin au moyen de branche...... que l'on couche...... en

terre sans les détacher des plante..... mère..... et qui
alors donne..... des racine......

1 à 149

L'AUBÉPINE. — SUITE.

103. Livré..... à elle.....-même....., l'aubépine af-
fecte..... toujours la forme d'un buisson. Mais sou-
mis..... à une taille intelligent....., el..... se prête.....
facilement au..... forme..... les plus capricieux.....
comme les plus simple..... Les fruit..... de l'aubépine sont rouge..... et porte..... le nom de *snèle*. Il.....
reste..... attaché..... au..... branche..... jusqu'à une époque fort avancé..... Pendant une grande partie de
l'hiver, ces fruit..... serve..... de nourriture aux merle....., aux grive....., aux bouvreuil..... qui en font
de véritable..... festin......

1 à 149.

L'AUBÉPINE. — SUITE.

104. Dans le nord, les fruit..... de l'aubépine
serv..... à la préparation d'une liqueur âcre....., que
l'on emploie comme purgatif. Ses feuille..... flatte.....
singulièrement le palais des chèvres....., au grand
désespoir des jardinier..... Enfin son bois, très-
dur....., est employé..... par les tourneur..... à la con-
fection des jouet..... d'enfant..... Les cordonnier.....
l'utilise..... aussi et s'en serve..... pour faire les che-
villes..... avec les..... quels..... ils assujettisse..... les
semelle..... des chaussure..... avant de les coudre.

1 à 149.

L'AUBÉPINE. — FIN.

105. L'aubépine noir..... ou prunellier est de la
même famille..... que l'aubépine. Ses fruit....., ap-

pelé...... *prunelle*......, sont d'abord vert......, puis bleu......,
foncé...... à leur maturité. On en fait des eau......-de-
vie...... excellente...... dit...... esprit de prunelle....... Enfin l'épine vinette est encore de la même famille.......
Elle est ainsi nommé...... à cause de ses épine...... et
de la saveur vineux...... de ses fruit....... On ne s'en
sert pas dans la plantation des haies, parce que
ses épine...... occasionne...... des piqûre...... extrême-
ment dangereux...... et très-difficile...... à guérir.

V. HENRION.

TROISIÈME PARTIE

CHAPITRE X

DU VERBE

COMPLÉMENTS

150. On appelle *complément* un ou plusieurs
mots qui achèvent l'idée commencée par le verbe
ou un autre mot.

Exemple : Dans : *je mange*, l'idée n'est pas
complète ; mais si je dis : *Je mange du pain*, la
pensée est achevée, et les mots *du pain* sont le
complément de : *je mange*.

151. Il y a deux sortes de compléments : *directs* et *indirects*.

152. Le complément direct achève, sans le secours d'autres mots, l'idée commencée par le verbe,
et il répond à la question : *qui* ou *quoi* faite après
le verbe.

Dans l'exemple précédent : *Je mange du pain*,
le mot *pain* est complément direct, parce qu'il

répond à la question *quoi. — Je mange quoi ?*
— du pain.

153. Le complément indirect achève, avec le
secours d'un ou plusieurs autres mots, l'idée commencée par le verbe, et il répond à la question *à
qui, à quoi, de qui, de quoi,* etc., faite après le
verbe.

Exemple : *Charles travaille dans le jardin.*
Charles travaille *dans quoi ? — dans le jardin,*
qui est le complément indirect.

DIFFÉRENTES ESPÈCES DE VERBES

154. Il y a quatre espèces de verbes : *actifs,
neutres, pronominaux* et *impersonnels.*

155. Le verbe actif marque une action faite par
le sujet et peut avoir un complément direct.

On reconnaît qu'un verbe est actif, quand on
peut mettre après lui : *quelqu'un* ou *quelque
chose. Labourer* est un verbe actif, parce qu'on
peut dire : *labourer quelque chose, un champ,
un jardin.*

156. Le verbe neutre marque aussi une action
faite par le sujet, mais il ne peut avoir de complément direct, et par conséquent on ne peut mettre après lui ni *quelqu'un* ni *quelque chose.*

Exemple : *Partir* est un verbe neutre, parce
qu'on ne peut pas dire : *partir quelqu'un — partir quelque chose.*

157. Le verbe pronominal se conjugue avec
deux pronoms de la même personne et remplaçant
le même individu.

Exemple : *Se repentir — je me repens.*

158. Il y a deux sortes de verbes pronominaux :
les essentiels, les accidentels.

159. Les verbes essentiellement pronominaux
sont toujours pronominaux et ne peuvent se con-

juguer sans deux pronoms, comme : *se repentir*, *se souvenir*.

160. Les verbes accidentellement pronominaux ne le sont pas toujours et peuvent être actifs ou neutres.

Exemple : *Se nuire* — on peut dire : *Je nuis, tu nuis*, etc.

161. Les verbes pronominaux se conjuguent tous avec l'auxiliaire *être* employé pour la douceur de la prononciation.

CONJUGAISON DU VERBE PRONOMINAL S'EMPARER.

INDICATIF PRÉSENT.

Je m'empare.
Tu t'empares.
Il s'empare.
Nous nous emparons.
Vous vous emparez.
Ils s'emparent.

IMPARFAIT.

Je m'emparais.
Tu t'emparais.
Il s'emparait.
Nous nous emparions.
Vous vous empariez.
Ils s'emparaient.

PASSÉ DÉFINI.

Je m'emparai.
Tu t'emparas.
Il s'empara.
Nous nous emparâmes.
Vous vous emparâtes.
Ils s'emparèrent.

PASSÉ INDÉFINI.

Je me suis emparé.
Tu t'es emparé.
Il s'est emparé.
Nous nous sommes emparés.
Vous vous êtes emparés.
Ils se sont emparés.

PASSÉ ANTÉRIEUR.

Je me fus emparé.
Tu te fus emparé.
Il se fut emparé.
Nous nous fûmes emparés.
Vous vous fûtes emparés.
Ils se furent emparés.

PLUS-QUE-PARFAIT.

Je m'étais emparé.
Tu t'étais emparé.
Il s'était emparé.
Nous nous étions emparés.
Vous vous étiez emparés.
Ils s'étaient emparés.

FUTUR.

Je m'emparerai.
Tu t'empareras.
Il s'emparera.
Nous nous emparerons.
Vous vous emparerez.
Ils s'empareront.

FUTUR ANTÉRIEUR.

Je me serai emparé.
Tu te seras emparé.
Il se sera emparé.
Nous nous serons emparés.
Vous vous serez emparés.
Ils se seront emparés.

CONDITIONNEL PRÉSENT.

Je m'emparerais.
Tu t'emparerais.
Il s'emparerait.
Nous nous emparerions.
Vous vous empareriez.
Ils s'empareraient.

PASSÉ (1re forme).

Je me serais emparé.
Tu te serais emparé.
Il se serait emparé.
Nous nous serions emparés.
Vous vous seriez emparés.
Ils se seraient emparés.

PASSÉ (2e forme).

Je me fusse emparé.
Tu te fusses emparé.
Il se fût emparé.
Nous nous fussions emparés
Vous vous fussiez emparés.
Ils se fussent emparés.

IMPÉRATIF.

Empare-toi.
Emparons-nous.
Emparez-vous.

SUBJONCTIF PRÉSENT.

Que je m'empare.
Que tu t'empares.

Qu'il s'empare.
Que nous nous emparions.
Que vous vous empariez.
Qu'ils s'emparent.

IMPARFAIT.

Que je m'emparasse.
Que tu t'emparasses.
Qu'il s'emparât.
Que nous nous emparassions.
Que vous vous emparassiez.
Qu'ils s'emparassent.

PASSÉ.

Que je me sois emparé.
Que tu te sois emparé.
Qu'il se soit emparé.
Que nous nous soyons emparés.
Que vous vous soyez emparés.
Qu'ils se soient emparés.

PLUS-QUE-PARFAIT.

Que je me fusse emparé.
Que tu te fusses emparé.
Qu'il se fût emparé.
Que nous nous fussions emparés.
Que vous vous fussiez emparés.
Qu'ils se fussent emparés.

INFINITIF PRÉSENT.

S'emparer.

PASSÉ.

S'être emparé.

PARTICIPE PRÉSENT.

S'emparant.

PARTICIPE PASSÉ.

S'étant emparé.

---

162. Le verbe impersonnel ne se conjugue qu'à la 3e personne du singulier.

163. Il y en a deux sortes : essentiels et acci-dentels.

164. Les verbes essentiellement impersonnels sont toujours impersonnels et ne peuvent se con-juguer qu'à la 3ᵉ personne du singulier, comme : *il pleut, il neige.*

165. Les verbes accidentellement impersonnels ne le sont pas toujours et peuvent être actifs ou neutres.

Exemple : *Il fait bien chaud — Faire* est ici impersonnel, et peut cependant devenir verbe actif.

166. On reconnait qu'un verbe est impersonnel, quand on ne peut remplacer le mot *il* par un nom de personne. Dans : *il pleut,* on ne peut rempla-cer *il* par un nom, et dire, par exemple : *Charles pleut.* Donc c'est un verbe impersonnel.

CONJUGAISON DU VEBBE IMPERSONNEL *NEIGER.*

INDICATIF PRÉSENT.	FUTUR ANTÉRIEUR.
Il neige.	Il aura neigé.
IMPARFAIT.	CONDITIONNEL PRÉSENT.
Il neigeait.	Il neigerait.
PASSÉ DÉFINI.	PASSÉ (1ʳᵉ forme).
Il neigea.	Il aurait neigé.
PASSÉ INDÉFINI.	PASSÉ (2ᵉ forme).
Il a neigé.	Il eût neigé.
PASSÉ ANTÉRIEUR.	SUBJONCTIF PRÉSENT.
Il eut neigé.	Qu'il neige.
PLUS-QUE-PARFAIT.	IMPARFAIT.
Il avait neigé.	Qu'il neigeât.
FUTUR.	PASSÉ.
Il neigera.	Qu'il ait neigé.

PLUS-QUE-PARFAIT.	PASSÉ.
Qu'il eût neigé.	Avoir neigé.

INFINITIF PRÉSENT.	PARTICIPE PASSÉ.
Neiger.	Neigé.

TEMPS PRIMITIFS ET DÉRIVÉS

167. Les temps primitifs ou *premiers temps* sont ceux qui servent à former les autres temps, qu'on appelle pour cela *temps dérivés*.

Il y a cinq temps primitifs : *Indicatif présent — Participe présent — Participe passé — Présent de l'indicatif* et *Passé défini*.

FORMATION DES TEMPS DÉRIVÉS.

168. De l'infinitif présent on forme deux temps :

1° Le futur simple en changeant *r, oir,* ou *re* en *rai, ras,* etc.

2° Le conditionnel présent en changeant *r, oir,* ou *re* en *rais, rais,* etc.

Exemples : *donner* — futur : *Je donnerai* — conditionnel : *je donnerais;*
bénir — futur : *je bénirai* — conditionnel : *je bénirais;*
recevoir — futur : *je recevrai* — conditionnel : *je recevrais;*
rendre — futur : *je rendrai* — conditionnel : *je rendrais.*

169. Du participe présent on forme trois temps :

1° Les trois personnes du pluriel du présent de l'indicatif, en changeant *ant*, en *ons, ez, ent.*

2° L'imparfait de l'indicatif, en changeant *ant* en *ais, ais, ait,* etc.

3° Le subjonctif présent, en changeant *ant* en *e, es,* etc.

Exemples : *Aimant* — indicatif : *nous ai-*

mons...... **imparfait** : *j'aimais*...... subjonctif : *que j'aime*......

Nota. — Dans les verbes en *evoir*, pour la douceur de la prononciation, on change *evant* en *oive* aux trois personnes du singulier et à la 3ᵉ personne du plurïel.

Exemple : *recevant* — subjonctif : *que je reçoive, que tu reçoives, qu'il reçoive, qu'ils reçoivent* — pour ne pas dire : *que je reçeve*......

170. Du participe passé on forme le passé indéfini, le passé antérieur, le plus-que-parfait, le futur passé, le conditionnel passé, le passé et le plus-que-parfait du subjonctif, en y ajoutant un des temps des auxiliaires *avoir* ou *être*. Tous ces temps sont appelés *composés*, parce qu'ils sont formés de deux mots : l'auxiliaire et le participe passé.

171. Du présent de l'indicatif on forme l'impératif en supprimant les pronoms : *je, nous, vous*.

Exemple : *j'aime, nous aimons, vous aimez* — impératif : *aime, aimons, aimez*.

Nota. — Pour la douceur de la prononciation, dans les verbes de la 1ʳᵉ conjugaison et devant les mots *en* et *y*, on met une *s* à la 2ᵉ personne du singulier et un trait-d'union entre les deux mots.

Exemples : *Ce champ est vaste, laboures-en les sillons — Amènes-y tes amis.*

172. Du passé défini on forme l'imparfait du subjonctif, en ajoutant, à la 2ᵉ personne du singulier, *se, ses*, etc.

Exemple : *tu aimas* — imparfait : *que j'aimasse, que tu aimasses*, etc.

Nota. — Il n'y a aucune exception à cette dernière règle.

VERBES IRRÉGULIERS.

173. Les verbes irréguliers sont ceux qui ne

suivent pas partout les règles de la formation des temps.

CONJUGAISON DES VERBES IRRÉGULIERS.

1re CONJUGAISON

174. *Aller*. — Temps primitifs : *Aller, allant, allé, je vais, j'allai.*

Ce verbe se conjugue avec l'auxiliaire *être.*

Irrégularités. — Indicatif présent : *Je vais, tu vas, il va, ils vont.*

Futur : *J'irai*...... Conditionnel : *J'irais.*

Impératif : *Va.*

Subjonctif présent : *Que j'aille, que tu ailles, qu'il aille, qu'ils aillent.*

175. *Envoyer*. — Temps primitifs : *Envoyer, envoyant, envoyé, j'envoie, j'envoyai.*

Irrégularités : Indicatif présent : *Ils envoient.*

Futur : *J'enverrai*...... — Conditionnel : *J'enverrais*......

Subjonctif présent : *Que j'envoie, que tu envoies, qu'il envoie, qu'ils envoient.*

2e CONJUGAISON.

176. *Acquérir*. — Temps primitifs : *Acquérir, acquérant, acquis, j'acquiers, j'acquis.*

Irrégularités. — Indicatif présent : *ils acquièrent.*

Futur : *J'acquerrai*...... — Conditionnel : *J'acquerrais*......

Subjonctif présent : *Que j'acquière, que tu acquières, qu'il acquière, qu'ils acquièrent.*

177. *Assaillir*. — Temps primitifs : *Assaillir, assaillant, assailli, j'assaille, j'assaillis.*

Tressaillir se conjugue de même ; cependant au futur, on peut dire : je *tressaillirai*, ou : je *tressaillerai.*

178. *Bouillir.* — Temps primitifs : *Bouillir, bouillant, bouilli, je bous, je bouillis.*

179. *Courir.* — Temps primitifs : *Courir, courant, couru, je cours, je courus.*

Irrégularités. — Futur : *Je courrai......* Conditionnel : *Je courrais......*

180. *Couvrir.* — Temps primitifs : *Couvrir, couvrant, couvert, je couvre, je couvris.*

181. *Cueillir.* — Temps primitifs : *Cueillir, cueillant, cueilli, je cueille, je cueillis.*

Irrégularités. — Futur : *Je cueillerai......* Conditionnel : *Je cueillerais......*

182. *Dormir.* — Temps primitifs : *Dormir, dormant, dormi, je dors, je dormis.*

183. *Faillir.* — Temps primitifs : *Faillir, faillant, failli, je faux, je faillis.*

Irrégularités. — Indicatif présent : *Nous faillissons, vous faillissez, ils faillissent.*

Imparfait de l'indicatif : *Je faillissais......*

Subjonctif présent : *Que je faillisse......*

Défaillir se conjugue de même ; cependant on dit plus généralement : *Nous défaillons, je défaillais, que je défaille......*

184. *Fuir.* — Temps primitifs : *Fuir, fuyant, fui, je fuis, je fuis.*

Irrégularités. — Indicatif présent : *Ils fuient.*

Subjonctif présent : *Que je fuie, que tu fuies, qu'il fuie, qu'ils fuient.*

185. *Gésir.* — Temps primitifs : *Gésir, gisant, il gît.*

Ce verbe ne s'emploie guère que dans *ci-gît, ci-gisent.* Cependant on dit encore : *Nous gisons, vous gisez, je gisais, tu gisais, il gisait, nous gisions, vous gisiez, ils gisaient, qu'ils gisent, gisant.*

186. *Mentir.* — Temps primitifs : *Mentir, mentant, menti, je mens, je mentis.*

187. *Mourir.* — Temps primitifs : *Mourir, mourant, mort, je meurs, je mourus.*

Ce verbe se conjugue avec l'auxiliaire *être.*

Irrégularités. — Indicatif présent : *Ils meurent.*

Futur : *Je mourrai*..... Conditionnel : *Je mourrais*.....

Subjonctif présent : *Que je meure, que tu meures, qu'il meure, qu'ils meurent.*

188. *Offrir.* — Temps primitifs : *Offrir, offrant, offert, j'offre, j'offris.*

189. *Ouvrir.* — Temps primitifs : *Ouvrir, ouvrant, ouvert, j'ouvre, j'ouvris.*

190. *Ouïr.* — Temps primitifs : *Ouïr, ouï ;* passé défini : *j'ouïs.*

191. *Partir.* — Temps primitifs : *Partir, partant, parti, je pars, je partis.*

Ce verbe se conjugue avec l'auxiliaire *être.*

192. *Sentir.* — Temps primitifs : *Sentir, sentant, senti, je sens, je sentis.*

193. *Servir.* — Temps primitifs : *Servir, servant, servi, je sers, je servis.*

194. *Sortir.* — Comme *partir.*

195. *Souffrir.* — Temps primitifs : *Souffrir, souffrant, souffert, je souffre, je souffris.*

196. *Tenir.* — Temps primitifs : *Tenir, tenant, tenu, je tiens, je tins.*

Irrégularités. — Indicatif présent : *Ils tiennent.*

Futur : *Je tiendrai*..... Conditionnel : *Je tiendrais*.....

Subjonctif présent : *Que je tienne, que tu tiennes, qu'il tienne, qu'ils tiennent.*

197. *Tressaillir.* — Voir *assaillir*, n° 177.

198. *Venir.* — Temps primitifs : *Venir, venant, venu, je viens, je vins.*

Irrégularités. — Indicatif présent : *Ils viennent.*

Futur : *Je viendrai......* **Conditionnel :** *Je viendrais......*

Subjonctif présent : *Que je vienne, que tu viennes, qu'ils viennent.*

Ce verbe se conjugue avec l'auxiliaire *être.*

199. *Vêtir.* —Temps primitifs : *Vêtir, vêtant, vêtu, je vêts, je vêtis.*

3ᵉ CONJUGAISON.

200. *Asseoir.* — Temps primitifs : *Asseoir, asseyant, assis, j'assieds, j'assis.*

Irrégularités. — Futur : *Je m'asseyerai......* Conditionnel : *Je m'asseyerais.*

On dit aussi : *Je m'assiérai, je m'assiérais.*

201. *Choir.* — Temps primitifs : *Choir.*

202. *Déchoir.* — Temps primitifs : *Déchoir, déchu, je déchois, je déchus.*

Irrégularités. — Indicatif présent : *Nous déchoyons, vous déchoyez, ils déchoient.*

Futur : *Je décherrai......* Conditionnel : *Je décherrais......*

Subjonctif présent : *Que je déchoie, que tu déchoies, qu'il déchoir, que nous déchoyions, que vous déchoyiez, qu'ils déchoient.*

203. *Falloir.* — Temps primitifs : *Falloir, fallu, il faut, il fallut.*

Irrégularités. — Imparfait de l'indicatif : *il fallait.*

Futur : *Il faudra......* Conditionnel : *Il faudrait......*

Subjonctif présent : *Qu'il faille.*

204. *Mouvoir.* — Temps primitifs : *Mouvoir, mouvant, mû, je meus, je mus.*

Irrégularités. — Indicatif présent : *Ils meuvent.*

Subjonctif présent : *Que je meuve, que tu meuves, qu'il meuve, qu'ils meuvent.*

205. Pleuvoir. — Temps primitifs : *Pleuvoir, pleuvant, plu, il pleut, il plut.*

Au figuré, ce verbe s'emploie à la 3ᵉ personne du pluriel.

Exemple : *Tous les malheurs pleuvent sur cette famille.*

206. Pourvoir. — Temps primitifs : *Pourvoir, pourvoyant, pourvu, je pourvois, je pourvus.*

Irrégularités. — Indicatif présent : *Ils pourvoient.*

Futur : *Je pourvoirai*..... Conditionnel : *Je pourvoirais.*

207. Pouvoir. Temps primitifs : *Pouvoir, pouvant, pu, je peux* ou *je puis, je pus.*

Irrégularités. — Indicatif présent : *Ils peuvent.*

Futur : *Je pourrai*..... Conditionnel : *Je pourrais.*

Subjonctif présent : *Que je puisse, que tu puisses, qu'il puisse, que nous puissions, que vous puissiez, qu'ils puissent.*

208. Prévaloir. — Temps primitifs : *Prévaloir, prévalant, prévalu, je prévaux, je prévalus.*

Irrégularités. — Futur : *Je prévaudrai*..... Conditionnel : *Je prévaudrais.*

209. Prévoir. — Temps primitifs : *Prévoir, prévoyant, prévu, je prévois, je prévis.*

Irrégularités. — Indicatif présent : *Ils prévoient.*

Futur : *Je prévoirai*..... Conditionnel : *Je prévoirais.*

Subjonctif présent : *Que je prévoie, que tu prévoies, qu'il prévoie, qu'ils prévoient.*

210. Savoir. — Temps primitifs : *Savoir, sachant, su, je sais, je sus.*

Irrégularités. — Indicatif présent : *Nous savons, vous savez, ils savent.*

Imparfait de l'indicatif : *Je savais, tu savais.*

Futur : *Je saurai......* Conditionnel : *Je saurais.*

Impératif : *Sache, sachons, sachez.*

NOTA. — Avec la négation, quelquefois on emploie *sache* au lieu de *sais*, à la 1re personne du singulier de l'indicatif présent.

Exemples : *Je ne sache pas qu'il vienne. Il n'y a personne que je sache qui puisse approuver sa conduite.*

211. *Seoir* (être convenable). — Temps primitifs : *Seoir, seyant, il sied.*

Ce verbe ne s'emploie qu'aux personnes suivantes : *Il sied, ils siéent, il seyait, ils seyaient, il siéra, ils siéront, il siérait, ils siéraient, qu'il siée, qu'ils siéent.*

212. *Surseoir* ou *Sursoir.* — Temps primitifs : *Sursoir, sursoyant, sursis, je sursois, je sursis.*

Irrégularités. — Indicatif présent : *Ils surseoient.*

Futur : *Je sursoirai......* Conditionnel : *Je sursoirais......*

Subjonctif présent : *Que je sursoie, que tu sursoies, qu'il sursoie, qu'ils sursoient.*

213. *Valoir.* — Temps primitifs : *Valoir, valant, valu, je vaux, je valus.*

Irrégularités. — Futur : *Je vaudrai......* Conditionnel : *Je vaudrais......*

Subjonctif présent : *Que je vaille, que tu vailles, qu'il vaille, qu'ils vaillent.*

214. *Voir.* — Temps primitifs : *Voir, voyant, vu, je vois, je vis.*

Irrégularités. — Indicatif présent : *Ils voient.*

Futur . *Je verrai......* Conditionnel : *Je verrais......*

Subjonctif présent : *Que je voie, que tu voies, qu'il voie, qu'ils voient.*

215. *Vouloir*. — Temps primitifs : *Vouloir, voulant, voulu, je veux, je voulus*.

Irrégularités. — Indicatif présent : *Ils veulent*.

Futur : *Je voudrai...* Conditionnel : *Je voudrais...*

Impératif — pour commander : *Veux, voulons, voulez*.

Impératif — pour engager, prier : *Veuille, veuillons, veuillez*.

Subjonctif présent : *Que je veuille, que tu veuilles, qu'il veuille, qu'ils veuillent*.

4ᵉ CONJUGAISON.

216. *Absoudre*. — Temps primitifs : *Absoudre, absolvant, absous, j'absous*.

Pas de passé défini.

217. *Battre*. — Temps primitifs : *Battre, battant, battu, je bas, je battis*.

218. *Boire*. — Temps primitifs : *Boire, buvant, bu, je bois, je bus*.

Irrégularités. — Indicatif présent : *Ils boivent*.

Subjonctif présent : *Que je boive, que tu boives, qu'il boive, qu'ils boivent*.

219. *Braire*. — Temps primitifs : *Braire, brayant, brait, je brais*.

Irrégularités. — Indicatif présent : *Ils braient*.

220. *Bruire*. — Ce verbe ne s'emploie qu'aux temps et aux personnes qui suivent :

Indicatif présent : *Il bruit, ils bruissent*. Imparfait : *Il bruyait* ou *bruissait, ils bruyaient* ou *bruissaient*.

221. *Circoncire*. — Temps primitifs : *Circoncire, circoncisant, circoncis, je circoncis, je circoncis*.

222. *Clore*. — Temps primitifs : *Clore, clos, je clos* (indicatif présent.

223. *Conclure.* — Temps primitifs : *Conclure, concluant, conclu, je conclus, je conclus.*

224. *Conduire.* — Temps primitifs : *Conduire, conduisant, conduit, je conduis, je conduisis.*

225. *Confire.* — Temps primitifs : *Confire, confisant, je confis, je confis.*

226. *Connaître.* — Temps primitifs : *Connaître, connaissant, connu, je connais, je connus.*

227. *Construire.* — Temps primitifs : *Construire, construisant, construit, je construis, je construisis.*

228. *Coudre.* — Temps primitifs : *Coudre, cousant, cousu, je couds, je cousis.*

229. *Craindre.* — Temps primitifs : *Craindre, craignant, craint, je crains, je craignis.*

230. *Croire.* Temps primitifs : *Croire, croyant, cru, je crois, je crus.*

Irrégularités. — Indicatif présent : *Ils croient.*

Subjonctif présent : *Que je croie, que tu croies, qu'il croie, qu'ils croient.*

231. *Croître.* — Temps primitifs : *Croître, croissant, crû, je crois, je crûs.*

232. *Dire.* — Temps primitifs : *Dire, disant, dit, je dis, je dis.*

Irrégularités. — Indicatif présent : *Vous dites.*

Nota. — Il en est de même de *redire.*

Les autres dérivés : *Dédire, interdire, médire, prédire* se conjuguent régulièrement : *Vous médisez.*

Maudire fait *maudissant.*

233. *Eclore.* — Temps primitifs : *Eclore, éclos, j'éclos* (indicatif présent.)

Irrégularités. — Indicatif présent : *Ils éclosent.*

Subjonctif présent : *Que j'éclose, que tu écloses, qu'il éclose, qu'ils éclosent.*

234. *Écrire.* — Temps primitifs : *Écrire, écrivant, écrit, j'écris, j'écrivis.*

235. *Exclure.* — Temps primitifs : *Exclure, excluant, exclus, j'exclus, j'exclus.*

236. *Faire* — Temps primitifs : *Faire, faisant, fait, je fais, je fis.*

Irrégularités. — Indicatif présent : *Vous faites, ils font.*

Futur : *Je ferai....* Conditionnel : *Je ferais....*

Subjonctif présent : *Que je fasse, que tu fasses,* etc.

Tous les composés de *faire* se conjuguent ainsi, excepté *parfaire* et *forfaire* qui ne s'emploient qu'à l'infinitif présent et aux temps composés.

237. *Frire.* — Temps primitifs : *Frire, frit, je fris* (indicatif présent).

238. *Joindre.* — Temps primitifs : *Joindre, joignant, joint, je joins, je joignis.*

239. *Lire.* — Temps primitifs : *Lire, lisant, lu, je lis, je lus.*

240. *Luire.* — Temps primitifs : *Luire, luisant, lui, je luis* (indicatif présent).

241. *Mettre.* — Temps primitifs : *Mettre, mettant, mis, je mets, je mis.*

242. *Moudre.* — Temps primitifs : *Moudre, moulant, moulu, je mouds, je moulus.*

243. *Naître.* — Temps primitifs : *Naître, naissant, né, je nais, je naquis.*

Ce verbe se conjugue avec l'auxiliaire *être.*

244. *Nuire.* — Temps primitifs : *Nuire, nuisant, nui, je nuis, je nuisis.*

245. *Paître.* — Temps primitifs : *Paître, paissant, je pais.*

246. *Paraître.* — Temps primitifs : *Paraître, paraissant, paru, je parais, je parus.*

5

247. Plaire. — Temps primitifs : *Plaire, plaisant, plu, je plais, je plus.*

248. Prendre. — Temps primitifs : *Prendre, prenant, pris, je prends, je pris.*

Irrégularités. — Indicatif présent : *Ils prennent.*

Subjonctif présent : *Que je prenne, que tu prennes, qu'il prenne, qu'ils prennent.*

249. Repaître. — Temps primitifs : *Repaître, repaissant, repu, je repais, je repus.*

250. Résoudre. — Temps primitifs : *Résoudre, résolvant, résous, ou résolu, je résous, je résolus.*

251. Rire. — Temps primitifs : *Rire, riant, ri, je ris, je ris.*

252. Rompre. — Temps primitifs : *Rompre, rompant, rompu, je romps, je rompis.*

253. Suffire. — Temps primitifs : *Suffire, suffisant, suffi, je suffis, je suffis.*

254. Suivre. — Temps primitifs : *Suivre, suivant, suivi, je suis, je suivis.*

255. Taire. — Temps primitifs : *Taire, taisant, tu, je tais, je tus.*

256. Teindre. — Temps primitifs : *Teindre, teignant, teint, je teins, je teignis.*

257. Traire. — Temps primitifs : *Traire, trayant, trait, je trais* (indicatif présent).

Irrégularités. — Indicatif présent : *Ils traient.*

Subjonctif présent : *Que je traie, que tu traies, qu'il traie, qu'ils traient.*

258. Vaincre. — Temps primitifs : *Vaincre, vainquant, vaincu, je vaincs, je vainquis.*

259. Vivre. — Temps primitifs : *Vivre, vivant, vécu, je vis, je vécus.*

TROISIÈME PARTIE

—

152.

106. Donner des compléments directs aux dix verbes suivants :

Chanter — Ecouter — Manger — Nourrir — Conduire — Voir — Mériter — Chasser — Nommer — Entendre.

Exemple : Mon père *cultive notre jardin.*

152-153.

107. Donner des compléments indirects aux dix verbes suivants :

Travailler — Écrire — Nuire — Courir — Mourir — Arriver — Partir — Sortir — Mentir — Coudre.

Exemple : Charles *va à l'école.*

152-153.

108. Donner des compléments directs et des compléments indirects aux dix verbes suivants :

Chanter — Parcourir — Savoir — Prendre — Recevoir — Finir — Montrer — Demander — Promettre — Mettre.

Exemple : Emile a *fait son devoir, dès le matin.*

Devoir, complément direct — *Dès le matin,* complément indirect.

155.

109. Indiquer les verbes actifs ainsi que leurs compléments directs dans le devoir suivant :

Dieu connait nos plus secret...... pensé...... Il ne

faut jamais reprocher un service rendu....., si l'on veut en goûter le fruit...... Si le travail ne procure...... pas toujours la fortune, il..... donne...... au moins la santé. Franklin a dit : Ramassez une épingle par jour, et à la fin de l'année vous aurez économisé huit sou...... La charrue déchire...... la terre pour lui faire produire des fruits...... Les remords accable..... le méchant ; c'est là la premier...... punition du crime. Une brebis galeu..... peut gâter tout...... un troupeau, comme un mauvais élève peut perdre tout...... une classe.

155.

110. Indiquer les verbes actifs, ainsi que leurs compléments directs dans le devoir suivant :

Dieu pèsera tout..... nos action....., récompensera les bon...... et punira les mauvais...... Le chien du berger garde...... le troupeau et le défend à l'approche du danger. Le hêtre produit la faîne dont on fait de l'huile. Les oiseau...... peuple...... les airs ; les poisson...... peuple...... les eau...... Caïn conçut de la jalousie contre son frère et le tua. Les arbres des forêt..... donne...... rarement des fruits.... ; mais il..... nous donne...... du bois de chauffage et de construction. L'alouette chante..... les louange...... de Dieu.

155.

111. Indiquer les verbes actifs, ainsi que leurs compléments directs dans le devoir suivant :

L'odeur du miel attire..... les mouche...... comme la fortune attire...... les flatteur...... Les rois de la premièr..... race portai..... les cheveu..... très-long.....; c'est pourquoi on les appelle...... les rois chevelu..... Jeanne d'Arc sauva la France sous le règne de Charles VII. Lorsque le malheur nous frappe, nous devons élever nos regards vers le ciel. L'aigle fait son nid sur les rocher..... les plus élevé...... et

nourrit ses petit...... de chair saignant....... Les volcan...... vomisse...... des flamme......, de la fumée.....,
des matière.... fondu....... La paresse engourdit le
corps et conduit à la misère.

155.

112. Indiquer les verbes actifs, ainsi que leurs
compléments directs dans le devoir suivant :

LE PINSON.

Aussitôt que le soleil de mars a fondu les der-
nièr...... neige......, et que la nature entièr......, sortant
de son long sommeil, semble...... renaître à la vie,
le pinson, devançant le printemps et l'aurore, fait
entendre les notes saccadé......, criarde......, mais toujours joyeux...... de son éternel refrain. Gai comme
un pinson, dit le proverbe, et cette fois le proverbe
a raison. Le pinson habite...... tou...... les lieu.... de
la terre. De même que le moineau, il fait une
guerre incessante...... au hanneton et même au cerf-
volant, qu'il met en pièce...... avec une adresse
merveilleuse.......   V. HENRION.

156.

113. Indiquer les verbes actifs et les verbes
neutres, ainsi que leurs compléments indirects,
dans le devoir suivant :

Les pomme...... de terre nous sont venu...... d'Amérique. L'oisiveté nuit à la santé. Les girouette......,
comme les étourdi....., obéisse...... au moindre vent.
L'homme généreu...... qui donne...... aux pauvre......
prête à Dieu et se prépare dans le ciel une récompense éternel...... Nous devons faire aux autre......
ce que nous voudrions que les autre...... fisse...... pour
nous. Un jour le loup chercha querelle à l'agneau
et lui dit : Qui te rend si hardi de troubler mon

breuvage? L'aigle, dit-on, accoutume ses petit......
à regarder le soleil en face.

155-156.

114. Dans le devoir suivant, indiquer les verbes
actifs et neutres et leurs compléments directs ou
indirects.

LES INSECTES.

Vous est-il arrivé quelquefois, enfants, dans un
beau jour d'été, quand la chaleur est grand...... et
fatigue...... de vous coucher nonchalamment à l'ombre......des poirier......, des pommier...... du jardin de
votre père, ou du vieux hêtre, du vieu...... chêne de
la forêt, ou du buisson d'aubépine de la prairie,
ou de la haie qui borde...... le chemin de la vallée?......
Non, me dites-vous, vous n'êtes donc ni paresseux, ni curieux. Eh bien, essayez une fois, ou-
vrez bien les yeux et les oreilles et restez attentif......
Vous assisterez alors, sur la scène du monde, au
spectacle le plus bizarre...... que puisse...... offrir la
nature.......

155-156.

115. Dans le devoir suivant, indiquer les verbes
actifs et neutres, et leurs compléments directs ou
indirects.

LES INSECTES — SUITE.

D'abord le spectacle des oreilles......; c'est lui qui
commence. N'entendez-vous pas des bruit...... lointain......, criard......, discordant......? Ce sont des insecte...... qui fête...... le retour de l'été. Là, tou...... les
instrument...... joue...... en chœur : la sauterelle,
c'est...... les cymbales......; le cousin, ce sont...... la
musette; la mouche, c'est...... le cor; le bourdon,
avec son ron, ron, boum, boum, ce sont......, sui-

vant les cas, le tambour ou la gros..... caisse......
C'est.... un concert infernal..... exécuté.... par des
diablotins.

155-156.

116. Dans le devoir suivant, indiquer les verbes
actifs et neutres, et leurs compléments directs ou
indirects.

LES INSECTES — SUITE.

Voici maintenant le spectacle des yeux : regar-
dez au loin...... qui vole ainsi à l'étourdie? C'est
l'étourdi hanneton, qui se heurte à tout, qui casse......
tout. Quel..... est ce nuage vivant......? Quel..... sont
ces êtres si petits...... qui voltige......, se chasse....., se
pourchasse...... et semble...... danser une danse fan-
tastique.....? Ce sont des éphémère....., petit..... êtres
en effet, qui vienne..... de naître et qui n'ont que
quelque..... heure..... à vivre. Comme il..... save.....
jouir de la vie! Jouissez, petit....., jouissez vite; ce
soir vous ne serez plus.

155-156-157.

117. Dans le devoir suivant, indiquer les verbes
actifs, neutres et pronominaux.

LES INSECTES — SUITE.

Mais admirez donc cet..... fleur au..... nuance..... si
divers.....; voyez, elle est jaune, rouge, bleu.....;
elle a des reflet..... de diamant....... Dieu, quel..... est
bel.....! la voilà qui s'envole.....! Comment, une
fleur qui vole..... Vous vous êtes trompé......, enfant......, ce n'est pas une fleur, c'est un papillon.
Voyez son vol capricieu......; il ne suit point de
route, point de chemin....., point de sentier...... Il
va au hasard; le champ de l'air lui appartient. Il
jouit de la vie aussi. Jouis bien vite, charmant.....
et folâtre..... papillon, ce soir tu ne seras plus.

155-156-157.

118. Dans le devoir suivant, indiquer les verbes actifs, neutres et pronominaux.

LES INSECTES — FIN.

Et ces autre....., insouciant...... encore, qui vole......
en haut, en bas, de droite, de gauche, qui se
croise......, s'entrecroise...... dans tou...... les sens. Que
sont-ils? Ce sont aussi des insectes......; car les insecte...... remplisse...... le monde. Rentrez à la maison, enfant......, il y a trop à voir, le spectacle est
trop vaste, puisqu'il a le monde pour scène : vous
reviendrez un autre jour.   V. HENRION.

157-159-160.

119. Dans le devoir suivant indiquer les verbes
essentiellement et accidentellement pronominaux :
Les médecins se porterai...... mal, si tou...... le
monde se portai...... bien. L'avare se croit heureux
quand il a amassé des trésor...... dont il ne sait pas
profiter. On se repent toujours de s'être abandonné à la colère. Aussitôt qu'on a commis une
faute on doit s'empresser de la réparer. Si nous
avons à nous plaindre de notre sort, souvenons-
nous que nous sommes sur la terre pour souffrir
et nous résigner et que cet...... vie n'est qu'un passage. Nous devons nous abstenir des fautes...... les
plus légère.......

162 à 166.

120. Dans le devoir suivant indiquer les verbes
essentiellement et accidentellement impersonnels :
Par les faute...... qu'il nous est arrivé de commettre, apprenons à veiller sur nous pour n'y
plus retomber. Il importe beaucoup de bien employer le temps de son enfance. Dans certain......

contrées il pleut une grande partie de l'année; dans d'autre....., comme la Sibérie et le Groënland, il gèle toujours. Il est honteu...... de mentir; il faut toujours dire la vérité, lors même qu'elle devrait nous nuire. Il n'y a pas de vice plus dangereux que la paresse, il peut conduire à tout.

157 à 166.

121. Dans le devoir suivant indiquer les verbes essentiellement et accidentellement pronominaux, et les verbes essentiellement et accidentellement impersonnels :

Les Romain...... se rendire...... maitre...... de tou.....: les contrée...... connu...... de l'univers. Il faut certainement mieux absoudre plusieurs coupable...... que de condamner un innocent. A la bataille de Crécy, les Anglais se servire..... pour la premièr...... fois de l'artillerie....... Les longue..... pluie..... qu'il y a eu au printemps ne permette...... pas d'espérer des récolte...... très-abondante....... Pour s'emparer de la ville, le général a dû sacrifier plusieurs régiment....: Il n'y a que les sot..... et les ignorant..... qui méprise...... le savoir.

157 à 166.

122. Dans le devoir suivant indiquer les verbes essentiellement et accidentellement pronominaux, et les verbes essentiellement et accidentellement impersonnels :

La Fête-Dieu est l'une des plus bel...... qu'il y ait jamais eu. Cherbourg est la ville de France où il pleut le plus souvent. Pour obtenir le pardon de ses faute..... il ne suffit pas de se repentir, il faut encore prendre la résolution de ne plus y retomber. Il est dangereux de se baigner au soleil pendant les grand..... chaleur..... de l'été. On doit éviter

de se coucher dans des lit...... entouré...... de rideau......
Quand on arrive au déclin de la vie, on se sou-
vient avec bonheur des bon...... action...... que l'on a
f...tes.

167 à 172.

123. Faire les huit premiers temps du verbe
choisir en indiquant, ou les temps qu'ils forment
s'ils sont primitifs, ou comment ils sont formés
s'ils sont dérivés.

167 à 172.

124. Faire les huit derniers temps du verbe
choisir en indiquant, ou les temps qu'ils forment
s'ils sont primitifs, ou comment ils sont formés
s'ils sont dérivés.

Nota. — Il est inutile que je multiplie ces exercices. Outre le devoir de chaque jour, l'instituteur
devra faire faire à chacun de ses élèves la moitié
d'un des verbes irréguliers dont j'ai donné les
temps primitifs, en exigeant toujours l'explication
orale de la formation des temps. C'est le moyen le
plus efficace que je connaisse pour graver dans la
mémoire des enfants les irrégularités des verbes,
qui sont incontestablement les plus grandes difficultés de la langue française.

REMARQUES PARTICULIÈRES

PREMIÈRE CONJUGAISON

260. Les verbes en *eler, eter,* doublent *l* ou *t*
devant un *e* muet.

Exemples : *Appeler — j'appelle, j'appellerai.*
　　　　　Jeter — je jette, je jetterai.
Excepté : *Acheter, becqueter, bourreler, con-
geler, déceler, décolleter, dégeler, écarteler;*

épousseter, geler, harceler, marteler, modeler, peler, qui font : *j'achète, il gèle,* etc.

261. Les verbes en *ger* prennent un e muet après le *g* devant *a* et *o.*

Exemples : *Nous mangeons, tu rongeas.*

262. Dans les verbes en *yer,* on remplace l'*y* par un *i* devant un e muet.

Exemple : *J'emploie.*

NOTA. — Cette règle s'applique également aux verbes qui ont le participe présent en *yant,* comme *voir, voyant, que je voie.*

263. Les verbes dont l'avant-dernière syllabe de l'infinitif est un e muet ou un é fermé, changent cette lettre en è ouvert devant une syllabe muette.

Exemples : *Espérer — j'espère, — semer — je sèmerai.*

NOTA. — Les verbes en *éger* font exception ; ils conservent l'é fermé, de même que tous les mots en *ége.*

Protéger — je protége — collége — manége.

EXERCICES SUR QUELQUES VERBES DE LA PREMIÈRE CONJUGAISON

260 - 261 - 262.

125. Dans un moment de tempête, quand le vaisseau...... fait eau......, on jet.... à la mer tout ce qui n'est pas nécessaire, quelquefois même les objet.... les plus précieux...... En racontant nos peine...... à un ami, nous nous soulageons. Après une course un peu longue, nous mangeons avec grand...... appétit. La mort n'effraye que le méchant ; le juste sait que ce n'est qu'un passage à une vie meilleur......, Que l'on nous envoye au feu, disai...... les soldat......

260-261-262.

126. On appelle volcan des gouffre...... qui lance...... des flamme......, de la fumé...... des matière......
fond........ Ce n'est pas toujours des montagnes......,
car le Vésuve est au milieu d'une plaine et son
élévation n'est du...... qu'au...... substance...... qu'il a
jetées. En infligeant des punition...... trop sévè-
res......, on excite...... l'aigreur ; en se montrant trop
indulgent...... on favorise...... l'indiscipline. On achète
toujours trop cher une chose inutile.

260-261-262.

127. En Laponie il gèle pendant onze mois de
l'année. Les oiseau...... granivore...... becquette......
souvent les fruit...... à noyau...... tel...... que les cerise......, les prune....... Les paysans prétende...... que
dans son chant monotone et toujours répété...... la
caille dit : Paye tes dette...... paye tes dette....... On
ne s'ennuye jamais quand on sait occuper tout......
ses heure........ La mort nivelle tout : grand......, riche......, pauvre......, savant......, ignorant...... tou...... sont
égal...... à ses yeux.

260 à 263.

128. Rappelle-toi tes promesse....... On espère
toujours, quand on a la conscience pur...... Donnez-
moi un point d'appui, et je soulèverai...... le monde,
disait Archimède. Les plume...... des oiseau...... les
protége...... contre les rigueur...... de l'hiver. Souvent
le méchant...... est pris dans ses propre...... piége......
Les avare...... ne possède...... pas de richesse......, au
contraire, c'est...... lès richesse...... qui les possède......
Les chagrin...... abrège...... la vie. Quand on s'appuie
sur des principe...... fau......, on réussit rarement.

260 à 263.

129. Les nuage...... s'amoncèl......; la tempête souffle, le tonnerre...... gronde...., tout annonce un orage...... épouvantable. Une maladie épidémique ra-
vaga...... la France en mil..... huit...... cent...... trente-
trois. L'homme projette..... tout..... sa vie et meurt
sans avoir rien achevé. Quiconque emploie bien sa
jeunesse aura une vieillesse calme et tranquille.
Nous prononçons généralement mal les mot......col-
lege, solfege, piege, manege, cortege et presque
tou...... les mot...... terminé...... par *ege*. Nous pardon-
nons facilement à ceux que nous ennuions et difficilement à ceux qui nous ennuye......

260 à 263.

130. Rejette..... loin de toi la pensée du mal. De
même que les orgueilleu......, les épi...... les plus
vide sont ceux qui lève...... le plus la tête...... Si tu
veux être estimé, modèle..... tou..... tes actions......
sur celle...... de l'homme estimable. Le roitelet est
un tout petit..... oiseau...... qui furete...... partout pour
trouver sa nourriture. Le morcelement des propriété...... est parfois nuisible...... et parfois utile......
Une simple étincelle suffit pour incendier un palais,
de même qu'un seul mot imprudent pour causer
les plus grand..... malheur......

DEUXIÈME CONJUGAISON

264. *Bénir* a pour participe passé *béni, bénie.*
— Exemple : *L'évêque a béni les saintes huiles.
Cette église a été bénie par le pape. Le pain a
été béni par le prêtre.*
Le mot *bénit, bénite* est un adjectif qui indi-
que la qualité des choses consacrées par les

prières de l'Eglise : *Du pain bénit, de l'eau bénite, des rameaux bénits.*

Nota. Il y a entre *béni* et *bénit* la même diffé-
rence qu'entre *sanctifié* et *saint.*

265. *Fleurir* fait au participe présent *fleurissant*
et à l'imparfait de l'indicatif *fleurissais*, quand il
s'agit de fleurs. Dans les autres cas, c'est-à-dire
dans le cas de prospérité, il fait *florissant* et
florissais.

266. *Haïr* prend un tréma sur l'*i* dans tous les
temps et à toutes les personnes, excepté aux trois
personnes du singulier de l'indicatif présent : *Je
hais, tu hais, il hait*, et à la deuxième personne
du singulier de l'impératif : *hais.*

TROISIÈME CONJUGAISON

267. *Devoir, redevoir, mouvoir*, font au participe passé masculin singulier : *dû, redû, mû,*
avec un accent circonflexe sur l'*û*

268. Tous les verbes dont le son final fait *oir*
sont de la troisième conjugaison, excepté *boire* et
croire.

EXERCICES SUR QUELQUES VERBES DE LA DEUXIÈME ET DE LA TROISIÈME CONJUGAISON

264-265-266.

131. La rose fleurit...... dans tou...... les pays du
monde. Nous ne devons hair...... personne, même
nos plus grand...... ennemi......; nous devons les
plaindre...... et prier pour eux. Chez les Juif...... ancien......, les premier...... fruit...... de la terre étai......
béni...... par le grand-prêtre, puis offert...... à Dieu.
Hais...... le mal et fais tou...... tes effort...... pour l'évi-

ter. Les science....., les art..... fleurissai..... sous le règne de Louis XIV. Le dimanche des rameau......, on porte à l'église de petit..... branche...... d'arbre..... qui sont béni..... par le prêtre. Ces rameau..... béni....., sont conservé...... précieusement par les familles pieuse......

264-265-266.

132. L'évêque a béni...... le drapeau du régiment. Le pain béni...... est distribué..... aux fidèle..... ordinairement à la sortie de la messe du dimanche. Rome était fleurissant...... sous César. Haïs le péché, mais prie..... pour le pécheur. Nous haïssons..... tous le mensonge et l'hypocrisie. Ce vieillard, avant de mourir, a béni..... ses enfant...... Les premier...... fidèle..... envoyai..... aux martyr...... des pain.....béni..... par leurs prêtre......

EXERCICES SUR QUELQUES VERBES DE LA TROISIÈME CONJUGAISON

264 à 268.

133. Tou..... les élève...... qui haisse...... le travail doive..... trouver les heure...... d'étud..... bien long...... Les chameau...... fléchisse..... les genou...... quand on les charge......, et avant leur départ...... dans le désert......, ils ont toujours le soin de boir..... pour plusieurs jour....... Nous devons croir...... qu'autrefois les moulin..... à blé étai..... mu...... par des esclave...... si nous nous rappelons l'histoire de Samson. Au printemps, de toute..... part..... les jardin..... fleurisse...... Dans les campagne...... on allume...... un cierge béni..... au chevet des mourant......

264 à 268.

134. A la fin du monde, le Christ dira à ceux

qui auront bien accompli leurs devoir...... : Venez à
moi, les béni...... de mon père....... En présence de
troupes toujours renouvellé......, l'armée a du...... cé-
der le terrain. Puisque vous n'avez pas été soldé
complétement, il vous est donc redû...... une certain...... somme. Les scierie...... mécanique...... des
Vosges sont tou...... mu...... par les eau....... Que de
somme...... du...... et qui ne seront pas payé.......

264 à 268.

135. On ne peut tout prévoir...... sans doute, mais
cependant il ne faut pas non plus s'abandonner
au hasard. Dans une foule de circonstance...... il
suffit de vouloir...... pour pouvoir...... Soyez béni......,
vous tous qui savez compatir aux peine...... des autres....... Les églises..... sont des lieu...... béni...... dans
lesquel...... nous ne devons entrer qu'avec respect.
Nous devons toujours recevoir...... avec reconnaissance les conseil...... des vieillard.......

264 à 268.

136. Un vieux proverbe dit : « C'est au pied
du mur qu'il faut voir...... le maçon ; » de même
c'est à l'œuvre qu'il faut voir l'homme pour le
juger. On a la conscience tranquille, même en
succombant, si l'on peut se dire que l'on a fait
tou...... les effort...... que l'on a du....... Il me semble
que l'orgueilleu...... n'ait des yeu...... que pour voir......
les défaut...... d'autrui. Les verbes voir......, prévoir......,
pourvoir......, entrevoir......, apercevoir, et autre......
appartienne...... à la même famille.

QUATRIÈME CONJUGAISON

269. Les verbes en *indre* et en *soudre* perdent
le *d* aux deux premières personnes du singulier

de l'indicatif présent et le remplacent par un *t* à la troisième personne du singulier du même temps. Exemple : *Je plains, tu plains, il plaint. Je résous, tu résous, il résout.*

270. Les verbes en *indre* prennent un *e, peindre.* Excepté : *Plaindre craindre* et *contraindre.*

271. Les verbes dont le son final est *endre* prennent un *e, rendre prendre.* Excepté : *Epandre, répandre.*

272. Les verbes en *aître* et en *oître*, prennent partout un accent circonflexe sur l'*i* devant un *t, il paraît.*

273. Les verbes dont le son final est *ir* sont de la quatrième conjugaison quand le participe présent est terminé par *isant* ou *ivant* comme : *nuire, nuisant, lire, lisant.* Excepté : *maudire, rire, sourire,* et *frire,* qui font *maudissant, riant, souriant, friant.*

EXERCICES SUR QUELQUES VERBES DE LA QUATRIÈME
CONJUGAISON

269 à 273.

137. Le vrai..... chrétien...... dit : Je crain..... Dieu et je ne crain.... que lui. Les prince..... qui ne se croi..... arrivé.... à la puissance que pour rendre leurs peuple.... heureu...... sont béni de Dieu et de leurs sujets..... Moise étendi..... sa baguette sur les eau..... et el.... se divisère...... Il ne suffit pas de lir....., il faut encore que ce soit..... de bon...... livre...... Avant de savoir..... il faut apprendre...... On ne crain..... la mort que quand on n'a pas bien vécu.

269 à 273.

138. Un père, une mère répande...... toujours des larme.... bien amèr..... à la mort de leurs enfant......

Les œuvres de Raphaël sont regardé...... comme les chef......-d'œuvre de la peinture....... Dieu connaît...... tout, puisqu'il a tout créé. La violette croit..... souvent à l'ombre des haie...... Les anciens répétai..... souvent ce précepte : Connai......-toi, toi-même. On n'absou...... jamais les gens qui ne veule...... pas connaître...... leurs tort.......

269 à 273.

139. Le sel se dissou..... dans l'eau. Quel...... que soit la fermeté d'un accusé, il pâlit toujours en entendant lir...... son arrêt. L'araignée tand......sa toile, comme le pêcheur tend...... ses filet...... On ne doit jamais rir...... du malheur d'autrui ; la charité nous ordonne, au contraire, d'y compatir....... Attandre......, travailler, espérer : c'est là tout...... la sagesse...... humaine....... On se plaint..... souvent du sort, lorsqu'on ne devrait s'accuser que soi-même.

RECAPITULATION

LES FLEURS.

140. Tou...... les richesse...... de la peinture...... et tout le talent des plus grand...... artiste...... n'arriveron...... jamais à imiter la plus simple fleur des champs......, la petit...... marguerite qui croit...... partout sans culture, sans soin, sur le gazon abandonné......, sur la muraille démoli......, sur la chaumière du pauvre, sur la tour du château....... Pour réjouir...... l'œil de l'homme, pour lui remettre l'espérance au cœur, la bonté de Dieu a répandu...... des fleurs...... partout dans les région...... glaciale...... de la Sibérie et du Groënland, comme dans les contrée...... brûlant..... de l'Afrique et de l'Amérique.

LES FLEURS — SUITE.

141. Dieu a semé des fleurs...... partout, sur les point..... les plus élevé...... des montagnes...... comme sur les rivage...... marécageu...... des étang....., dans les sable..... des désert..... de l'Arabie, comme dans les plaines...... les mieux cultivé...... de la France. Partout il y a des fleur...... pour réjouire...... la vue de l'homme, pour lui dir...... que Dieu veille...... sur lui et lui prodigue...... tou...... les don...... qui peuve...... contribuer à son bonheur. Que l'homme soit donc reconnaissant de tant de bonté......

LES FLEURS — FIN.

142. Combien n'a-t-on pas vu de grand...... homme...... fatigué...... des travail...... de l'étude ou du traca...... des ville......; combien n'a-t-on pas vu de grand...... capitaine......, après avoir...... rempli le monde du bruit de leur renommée, venir..... se reposer à la campagne, y avoir..... un petit jardin et y cultiver eux-même..... des fleur....... La culture des fleur...... est l'occupation la plus agréable pour l'homme qui a besoin de repo......, qui est arrivé aux termes de la vie...... Comme el..... sont bel..... les fleur.....; non, Salomon lui-même, dans tou...... sa magnificence, n'a jamais été vêtu comme le lis de la vallée.

V. HENRION.

LA TEMPÊTE.

143. Quel..... est donc la puissance infini..... qui dirige ce monstre invisible..... que l'on appelle la tempête ! Les monument...... les plus solidement édifié....., les arbre..... séculaire..... qui ont survécu à l'avalanche peut-être qui les a mutilés qui ont survécu, par quelque..... rameau...... à la foudre, peut-être, qui les a frappés et incendiés. Ces

arbre....., ces édifice...... vont être brisé..... par la tempête, et leur..... débri.... emporté....., jeté..... au loin.

LA TEMPÊTE — SUITE.

144. Ces superbe...... vaisseau...... que l'art de l'homme a su construire...... avec tant de solidité.... Ces immense...... machine...... que sa science a inventées et a opposées avec tant de succès au calme et aux redoutable...... courant..... de la mer ; ces géni...... gros de vapeur et de fumée, et qui, comme les dragon..... de la fable, souffle...... le feu et la flamme ; tout..... ces invention...... de l'intelligence humaine vont être brisé...... et leurs débri..... emporté....., jeté..... au loin.

LA TEMPÊTE — FIN.

145. Le monstre invisible, la tempête approche : n'entendez-vous pas ses sourd..... et long...... mugissement.....? le voilà, tout est brisé....... Pauvre..... marin....., qu'allez-vous devenir sur une mer sans limite......? Priez et espérez. La puissance infinie qui lance la tempête, qui dirige...... le monstre invisible, peut vous sauver et vous conduir...... au port du salut.......

De même, dans les danger...... de la vie, nous devons toujours avoir...... recours à Dieu.

V. HENRION.

LES OISEAUX.

146. Parmi les êtres de la création, il n'en est point d'aussi beau......, d'aussi gracieu....., d'aussi aimable...... que les oiseau.....? Ni l'art, ni la science, ni le génie de l'homme n'arriver...... jamais à produir..... des couleur...... aussi brillant..... que cel.... de l'oiseau-mouche, des forme..... aussi coquet..... que

...cel... de la bergeronnette, des chant... aussi varié... que ceux du rossignol, aussi doux que ceux du rouge-gorge.

LES OISEAUX — SUITE.

147. Vous counaissez tou... les oiseau... de nos pays, jeune... enfant...; vous avez vu l'hirondelle nous revenir... au printemps; vous l'avez vue... habile architecte et adroit... ouvrière, construir... son nid sous le toit de votre maison. Et le chardonneret, à la tête rouge, aux ailes jaune..., à la figure si intelligent... Vous l'avez vu en été courir... sur les chardon..., enlever leur duvet pour garnir... son nid, et leur graine pour la nourriture de ses petit...

LES OISEAUX — SUITE.

148. A l'automne, vous avez vu le petit... tarin jaune nous venir... de la montagne où il a niché et égayer nos haie..., nos buisson..., nos jardin... par son chant incessamment répété. Et enfin, à l'hiver, quand la neige couvre... la terre, que le froid glacial se fait sentir... que le vent du nord souffle avec violence... que tout... la nature paraît mort... et comme enseveli... dans son grand linceul blanc... quand il n'y a plus à la campagne ni graine..., ni fruit..., ni insecte..., vous avez vu le petit roitelet.

LES OISEAUX — FIN.

149. Vous l'avez vu, le petit roitelet, fureter partout de son bec pointu comme une aiguille. Vous l'avez vu, n'est-ce pas, toujours vive... alerte, malgré le froid qui glace... toujours gai..., malgré la faim qui le dévore..., et vous avez dit:

Pauvre petit...... oiseau, comme il doit souffrir !
Mais la Providence est là, qui veille...... sur lui, qui
ne l'abandonne...... pas et qui sait le préserver du
froid et de la faim. Les oiseau...... sont les vrai......
bijou...... de la nature.   V. HENRION.

LE DÉSERT.

150. Du sable, toujours du sable : voilà le désert. J'ai soif, dit le voyageur altéré...... fatigué......
d'une long...... marche. J'ai soif...... et ses yeux cherche...... au loin une fontaine......, une source, un
ruisseau......, mais rien, du sable partout. Il...... se
couche...... alors, pense...... à son père, à sa mère, à
ses frère......, à ses sœur......, à ses ami......, à son village. Puis il prie Dieu de lui prêter secours. Alors
son courage renaît......, il se relève...... et marche......
avec une ardeur nouvel.......

LE DÉSERT — SUITE.

151. Il vient d'apercevoir...... dans le lointain
une oasis, c'est-à-dir...... un bouquet d'arbre...... qui
lui procureront un peu d'ombre, un peu de frai-
cheur. Il se hâte...... plus encore, court......, se précipite......, arrive...... tout haletant....... Oh ! bonheur,
sous les arbres...... il y a une source, presque
tari...... il est vrai, mais qui donne...... encore un
filet d'eau. Le voyageur s'agenouille......, remer-
cie...... Dieu, il est sauvé.......

LE DÉSERT — FIN

152. Quant au chameau......, son compagnon de
voyage, le navire du désert, comme l'appelle......
les Arabes, il ne boit pas, lui, parce qu'avant le
départ, il a fait sa provision d'eau dans une poche
que le Créateur lui a donnée, et il n'aura soif

que dans quelques jour...... Le désert est plus dangereu....., que la mer : des caravane..... nombreu......,
des armée..... entier..... même ont été enseveli......
sous ses sable..... brûlant....... V. HENRION.

LES RIVIÈRES.

153. Où cours-tu donc petit ruisseau......? — Je
cours porter mes eau..... à la rivière....... — Et
quand la rivière aura reçu tes eau......qu'en fera-t-
elle? — La rivière les portera..... elle-même au
grand fleuve. — Et que fera le fleuve de tout......
ces eau.....? — Le fleuve les portera...... lui-même
à la mer profond....... Et que fera la mer profond..... de tout..... ces eau......? — La mer profond.....
les gardera...... quelque""" temps.......

LES RIVIÈRES — SUITE.

154. Puis le brûlan..... soleil les réchauffant, el.....
monter...... dans l'air en vapeurs) en brouillard......
Ces brouillard.....former..... de noir..... nuage....... Ces
nuage..... tomber...... en pluie..... qui rafraîchir...... la
terre, fer..... croître les plantes......, qui reviendr..... à
moi, petit ruisseau....... Ainsi s'écoule..... la vie des
petit..... ruisseau....., des large..... rivière....., des
grand..... fleuve......, des mers profonde....., des noir.....
nuage.......

LES RIVIÈRES — FIN.

155. Ainsi s'écoule..... la vie de l'homme. — Il
est d'abord petit..... enfant, puis grand..... enfant,
puis adolescent......, puis jeune homme, puis homme
mûr....., puis vieillard. Enfin il meurt; mais son
âme vit toujours. — Heureu..... celui qui, comme
le ruisseau....., la rivière....., le fleuve....., la mer.....
et le nuage, a su se rendre utile......, faire le bien !
Dieu le récompensera...... de ses bonn..... œuvre.......
V. HENRION.

CHAPITRE XI

DU PARTICIPE

274. Le participe est un mot qui ressemble au verbe et à l'adjectif.

Exemples : *Des enfants chéris.* — *Chéris* est un participe qui ressemble au verbe *chérir* et à l'adjectif, puisqu'on peut le remplacer par un autre adjectif et dire : *Des enfants sages.*

275. Il y en a deux sortes : le participe présent et le participe passé.

DU PARTICIPE PRÉSENT ET DE L'ADJECTIF VERBAL

276. Le participe présent indique toujours un temps présent; il est terminé en *ant* et reste toujours invariable.

Exemple : Ces élèves sont partis en *chantant.*

277. On reconnaît qu'un mot est participe présent, quand on peut le remplacer par un autre temps du verbe.

Dans l'exemple précédent on peut dire : *Ces élèves sont partis, et ils chantaient.*

278. L'adjectif verbal vient du verbe, et lorsqu'il est terminé en *ant* on peut quelquefois le confondre avec le participe présent.

279. On reconnaît qu'un mot en *ant* est adjectif verbal, quand on peut le remplacer par un autre adjectif.

Exemple : *J'ai acheté deux almanachs chantants, très-amusants.*

Chantants, amusants sont des adjectifs verbaux, parce qu'on peut les remplacer par d'autres adjectifs et dire : *J'ai acheté deux almanachs nouveaux, très-gais*.......

DU PARTICIPE PASSÉ

280. Le participe passé indique toujours un temps passé et il est terminé de différentes manières.

Exemple : *Chanté, fini, reçu, écrit.*

ACCORD DU PARTICIPE PASSÉ. — RÈGLES GÉNÉRALES.

281. Le participe passé employé sans auxiliaire ou avec l'auxiliaire *être*, est un adjectif et s'accorde en genre et en nombre avec le mot qu'il qualifie.

Exemples : *Des leçons bien étudiées.* — *Ces terres ont été labourées.*

Étudiées, labourées sont des adjectifs qui s'accordent avec *leçons, terres.*

282. Le participe passé employé avec l'auxiliaire *avoir* s'accorde en genre et en nombre avec son complément direct, quand ce complément direct est placé avant lui.

Exemples : *Les fraises que j'ai cueillies étaient mûres.* — *Cueillies* s'accorde parce que son complément direct, *fraises*, est placé avant lui.

J'ai cultivé des terres arides. — *Cultivé* ne s'accorde pas, parce que son complément direct, *terres*, est placé après lui.

Ces domestiques ont obéi fidèlement. — *Obéi* ne s'accorde pas, parce qu'il n'a pas de complément direct et que, par conséquent, ce complément n'est pas placé avant lui.

RÈGLES PARTICULIÈRES.

283. Le participe passé, suivi d'un infinitif, reste invariable quand il forme avec cet infinitif un verbe composé, et on le reconnaît, quand on ne peut remplacer cet infinitif par un autre temps du verbe.

Exemple : *Les oiseaux que j'ai vu tuer par ces chasseurs étaient des moineaux.*

Vu reste invariable, parce qu'on ne peut dire : *Les oiseaux que j'ai vu qui tuaient......*

284. Le participe *fait*, suivi d'un infinitif, reste toujours invariable, parce qu'il forme toujours avec cet infinitif un verbe composé.

285. Le participe passé, suivi d'un infinitif, suit la règle générale quand on peut remplacer cet infinitif par un autre temps du verbe, c'est-à-dire qu'il s'accorde si son complément est avant lui.

Exemple : *Les oiseaux que j'ai entendus s'envoler étaient des pies.*

Entendus s'accorde, parce qu'on peut dire : *Les oiseaux que j'ai entendus qui s'envolaient.*

J'ai laissé sortir vos élèves. — On peut dire : *Les élèves sortaient;* mais *laissé* reste invariable, parce que son complément direct, *élèves,* est après lui.

286. Le participe passé, précédé de *le peu,* a pour complément direct ce mot — qui est masculin singulier — quand on ne peut supprimer *le peu;* il a pour complément direct le mot suivant, quand on peut supprimer *le peu.*

Exemples : *Le peu de bonne volonté que cet élève a montré a été cause de ses échecs.* On ne peut dire : *La bonne volonté a été cause de ses* échecs. — *Montré* s'accorde donc avec *le peu* — masculin singulier.

Le peu de bonne volonté que cet élève a montrée l'a fait réussir.

Montré s'accorde avec *volonté*, parce qu'on peut dire : *La bonne volonté qu'il a montrée l'a fait réussir.*

287. Le participe passé qui a pour complément *en*, mis pour *de cela* (et toujours complément indirect), ne s'accorde jamais avec ce mot, mais il peut s'accorder avec un complément direct s'il en est précédé.

Exemples : *Avez-vous des nouvelles ? J'en ai reçu.* — *Reçu* est invariable parce qu'il n'a d'autre complément que *en*.

Votre jardin est charmant; les fruits que j'en ai mangés étaient délicieux. — *Mangés* s'accorde, parce qu'il a pour complément direct *fruits.*

NOTA. — Quelques grammairiens admettent que le mot *en* précédé d'un des mots : *combien, plus, autant, que,* etc., forme avec ce mot un complément direct avec lequel l'accord du participe peut avoir lieu.

Exemple : *Voyez mon jardin, il est encore rempli de fleurs, et pourtant, combien j'en ai cueillies, que j'en ai jetées,* etc.

Il n'est pas possible de se prononcer sur cette question, l'une des plus ardues de la langue française.

288. Le participe passé des verbes essentiellement pronominaux s'accorde toujours avec le second pronom qui remplace toujours le sujet et est toujours complément direct. On pourrait donc dire, pour plus de clarté, que ce participe s'accorde

toujours avec le sujet du verbe. Exemple : *Ces coupables se sont repentis.*

289. Le participe passé du verbe *s'arroger* fait seul exception et ne s'accorde que s'il a un complément direct qui le précède.

Exemples : *Ces gens se sont arrogé nos droits.*
Les droits que ces gens se sont arrogés.

290. Le participe passé des verbes accidentellement pronominaux suit la règle générale et s'accorde avec son complément direct s'il en est précédé ; mais pour trouver ce complément, il faut remplacer l'auxiliaire *être* par l'auxiliaire *avoir*.

Exemple : *Ces enfants se sont amusés à la fête.* — *Ces enfants ont amusé qui ?* — *eux* remplacé par *se*, donc il y a accord.

Nota. — D'après cette règle, il est bien clair que les participes des verbes *se plaire*, *se déplaire*, *se rire*, *se sourire*, *se nuire*, *se succéder*, etc., ne peuvent s'accorder, puisqu'ils sont formés de verbes neutres qui ne peuvent avoir de complément direct, à moins pourtant qu'ils ne soient employés *exceptionnellement* comme verbes actifs. (Voir n° 292. — Remarque.)

291. Le participe passé des verbes impersonnels reste toujours invariable.

Exemples : *Les malheurs qu'il est arrivé à cette famille ont causé sa perte.*
Les pluies qu'il y a eu.

292. Les participes *excepté*, *supposé*, *vu*, *entendu*, *passé*, etc., et autres semblables employés sans auxiliaire, restent invariables, quand ils sont placés avant le nom auquel ils se rapportent, parce que l'auxiliaire *avoir* est sous-entendu.

Exemples : *Excepté ces deux élèves, les autres travaillent bien. C'est-à-dire ayant excepté ces deux élèves*.......

Vu ces pièces — pour *ayant vu ces pièces*.......

Remarques. — 1° Aujourd'hui les bons auteurs suivent la règle générale pour l'accord des participes *coûté, valu, pesé*.

Exemples : *Cette maison ne vaut pas les deux mille francs qu'elle a coûtés.*

Cette propriété qui a été payée deux mille francs ne les a jamais valus.

Les quarante kilogrammes que ce sac a pesés n'ont pas été comptés.

2° Quelques verbes, *neutres* de leur nature, peuvent devenir *actifs*; alors leurs participes passés suivent la règle générale.

Exemples : *Les langues que les anciens ont parlées sont à peine connues aujourd'hui.*

Les bois que nous avons courus si longtemps sont détruits.

Qui pourrait dire les larmes que j'ai pleurées!

Que de sommeils ces enfants ont dormis sous ces arbres!

Mes amis se sont plus à la fête. — Pour *se sont trouvés bien*.

EXERCICES SUR LES PARTICIPES

276 à 279.

156. Les chien...... couchan...... ou chien...... d'arrêt s'arrête...... court...... devant le gibier; les chien...... courant......; au contraire, le poursuive...... et le

prenne...... à la course. On a toujours du plaisir à voir...... des enfant...... caressant...... leur mère, et obéissant à sa moindre volonté. En se couchant de bonne heure et en se levant...... matin, les jeune...... gens se fortifie...... le corps. Ordinairement les hommes...... que l'on voit écrasant...... les faibles...... de leurs dédain......, sont bas et rampant...... devant les puissant....... On aime...... à obliger les personne...... reconnaissant.......

276 à 279.

157. L'automne s'enfuyant...... à pas précipité...... a enlevé aux arbre...... leur dernier...... feuille...... jaunissant....... Il ne faut jamais faire aux enfant...... des récit...... de loup-garou...... ou de revenant......; en les effrayant...... ainsi on en fait des homme...... tremblant......, craignant les ténèbre....... Les Arabe...... sont des tribu...... errant...... sans demeure...... fixe....... Sous la conduite de Moïse, les Juif...... ont parcouru le désert......, errant...... de lieu...... en lieu....... Les matelot...... aime...... à contempler les feu...... étincelant...... des étoiles...... et la lune brillant...... au firmament.

276 à 279.

158. On entendait des cris déchirant...... et l'on voyait des malheureux tendant...... du milieu des flamme...... leurs main...... suppliant....... Le brochet se nourrit de petit...... poisson...... qu'il avale.... tout...... vivant....... En vivant...... toujours avec les méchant...... on s'expose à devenir comme eux. Les élève...... aimant l'étude font toujours des progrès étonnant....... Les trompeur...... ne peuve...... se déguiser complétement: si leurs parole...... sont insignifiant......, leurs yeux, leurs regard...... sont parlant.......

276 à 279.

159. Les sable...... mouvant...... du désert ont en-

seveli bien des caravane....; Les remord..... déchirant....: le cœur du coupable sont sa première punition. Les lions rugissant...., les tigre..... sortant de leur tannière et faisant..... entendre des cris déchirant..... effraye..... les pauvre.... naufragé....., égaré..... dans les forêt..... vierge..... et ne sachant..... où guider leurs pas....... Les ignorant..... sont presque toujours défiant...., repoussant.... les sage....., conseils...., et n'ajoutant foi qu'aux chose..... absurde..... ou merveilleu.......

276 à 279.

160. Les eau..... dormant...... sont ordinairement dangereu....., de même que les homme..... maussade....., morose....., cachant..... leur pensée....... Ls tempête mugissant....., les vent..... soufflant..... avec fureur, la foudre grondant..... sur nos tête....., les arbre.... se brisant..... avec fraca....., offraie..... le tableau le plus effrayant qu'il soit donné à l'homme de voir. On aime les enfant..... d'un naturel doux, obéissant..... toujours, ne répliquant...... jamais, aimant..... les éloges....., mais subissant..... les reproche.... avec humilité.

281.

161. Les bel..... action..... caché..... sont cel..... que l'on doit le plus estimer. Les pluie.... abondant..... qui sont tombé..... cet..... été ont inondé les prairies...: Les plus précieu..... récolte..... ont été détruit...: par la grêle qui est tombé...... Enfant....., soyez le soutien de vos parent..... lorsqu'il..... seront avancé.... en âge. Les oiseau..... sont levé.... bien longtemps avant l'aurore et chante..... la gloire de Dieu. La couleur rouge pourpre a été trouvé....., dit-on, par un chien de berger. Les frère.... doive.... être uni..... comme les doigts.... de la main.

281-282.

162. A la mort, Dieu nous demandera...... un
compte sévère des jour....., des heure....., des minu-
tes..... même..... que nous aurons perdu....... Les mo-
ments consacré...... à l'étude ne laisse...... dans l'âme
que des souvenir..... agréable....... Nous avons tou.....
le même père, qui est Dieu, puisqu'il..... nous a
tou...... créé...... Les grand..... victoire...... que Napoléon a remporté...... lui ont valu..... le surnom de
géant des batailles. La Fontaine a composé..... des
fables qui sont de vrai..... chef.....-d'œuvre.......

281-282.

163. Les pyramide...... d'Égypte qui ont été construit...... il y a plusieurs millier..... d'année...... sub-
siste..... encore aujourd'hui. Les année...... qu'il faut
regretter le plus sont cel..... qu'on a passé..... dans
l'oisiveté. La nature a donné..... à tou..... les être.....
les moyen...... de se défendre...... et de pourvoir...... à
leur..... besoin....... La vie de l'homme ressemble...... à
ces rose...... tout..... fraiche..... qu'on a cueilli...... le
matin et qui sont flétri..... le soir.

281-282.

164. Quand nous somme..... venu...... en aide à
un malheureu......., notre conscience nous dit que
nous avons fait..... une bonne action. Les charmant..... vallée..... des Vosges sont arrosé...... par des
ruisseau...... et des rivière..... qui les embellisse..... et
en font des séjour...... délicieu....... Un simple cultivateur qui a enrichi...... sa patrie d'une plante utile,
lui a rendu..... un service plus grand que le général
qui a remporté...... dix victoire.......

283-284-285.

165. La neige tombe......; il fait un froid glacial......;
que vont devenir...... ces charmant...... petit...... oiseau...... qui faisai...... les délice...... de nos bosquet......
et que nous avons entendu...... si souvent chanter
leurs joyeu...... chansonnette......! Les fleur...... que
nous avons vu...... s'épanouir...... résisteron...... peu de
temp...... au grand...... chaleur...... de l'été. Les enfant...... qu'on a laissé...... faire tout...... leur...... fantai-
sie......, devienne...... toujours des homme...... inutile......
à eux-même...... et souvent nuisible...... à leur...... semblable....... Les champ...... du paresseux sont couvert...... de plante...... nuisible.......

283-284-285.

166. Faire trois phrases dans lesquelles les participes : *vu, entendu, laissé* seront suivis d'un
infinitif et *variables.*

Faire trois autres phrases où ces mêmes participes suivis d'un infinitif seront *invariables.*

NOTA. — L'instituteur peut facilement donner
lui-même une foule de devoirs semblables; ce
sont des exercices excellents, qui développent l'intelligence et gravent dans la mémoire — et d'une
manière ineffaçable — les règles de la grammaire.

283-284-285.

167. Nous avons vu...... renverser et anéantir par
le génie...... de nos général......, tou...... les peuple......
que nous avions vu...... s'armer contre nous. Arrivé......
à la fin de la vie, les paresseu...... jete...... avec épouvante un regard sur tou...... les moment...... qu'il......
ont perdu....... Les hommes...... laboriou......, au contraire, sont satisfait...... de repasser dans leur mémoire les jours qu'il...... ont su...... bien employer.

Une mère spartiate se faisai...... un honneur des blessure...... que son fils avai...... reçu en combattant pour son pays.

283-284-285.

1...... L...s personne...... les plus vertueu...... se sont toujours fait...... remarquer par leur grand...... indulgence pour les défaut...... d'autrui. Vous n'avez su......: qu'à moitié...... les leçon......, facile...... pourtant, qu'on vous a fait...... apprendre...... Les animal...... naisse...... vêtu......, armé......, pourvu...... de moyen...... d'existence. L'homme seul...... vient au monde privé...... de tou......; mais l'intelligence que Dieu lui a donné...... remplace...... tous les don...... qu'il...... a accordé...... aux autre...... créature.......

283-284-285.

169. Chez les Égyptien...... le fils était obligé...... d'embrasser la profession qu'avai...... exercé son père. Les bon...... maître...... ne doive...... jamais...... abandonner dans leur vieillesse les domestique...... qui les ont bien servi....... Il ne faut jamais regretter les bon...... action...... que l'on a fait......, quand même on aurait été payé...... par l'ingratitude. Les courrier...... qu'on a fait...... partir, arriveron...... difficilement au...... heure...... qu'on leur a marqué......, parce que le temp...... est trop mauvais.

283-284-285.

170. Les contrée...... que le choléra a ravagé...... ne seront peut-être jamais peuplé...... comme el...... l'étai...... autrefois. Les cantique...... que nous avons entendu chanter sont loin d'être aussi beau...... que les ancien...... psaume...... de l'Église. Les devoir...... qui ont été donné...... aux dernier...... examen...... étai...... plus difficile...... que ceux que vos maître...... vous

ont fait...... corriger. Les bois que l'on a fait...... couper et que nous avions vu...... si verdoyant...... sont remplacé...... par des moisson...... abondant...... sans doute, mais qui ne sont qu'un faible dédommagement des perte...... qui ont été occasionné.......

286-287.

171. Les Français ont laissé...... brûler Jeanne d'Arc, qui les avai...... condui...... tant de fois à la victoire, et qu'il...... avai...... vu...... tant de fois marcher à leur tête. Les insecte...... ont détruit...... le peu de fruit...... que la grêle avait épargné....... Un Sage disait : Parmi...... tou...... les homme...... que j'ai connu...., j'en ai vu...... de bon....., j'en ai rencontré...... de mauvais ; mais nul..... part je n'en ai trouvé...... qui fusse...... incapable de vertu....... Le peu d'oiseau...... que le froid a laissé...... dans nos province......, se cache...... dans nos grenier...... nos poulailler...... en attendant le printemps.

286-287.

172. La plupart des difficulté...... que l'on rencontre...... dans la vie, ne vien...... que du peu d'attention qu'on a eu...... de les éviter. Le peu de bon...... volonté que vous avez montré...... vous a fait...... échouer. Que d'homme...... n'ont jamais songé...... qu'au...... amusement du monde ; il...... en ont goûté...... de tout...... sorte....., et la seul...... chose qui leur en soit resté......, c'est le remords. La bel...... saison est revenu...... ; les champs......, les prés...... sont resplendissant...... de beauté ; les fleur...... que nous en avons rapporté...... sont d'une fraîcheur éblouissant.......

286-287.

173. Que de ville...... a fondé Alexandre-le-Grand ! mais aussi combien il en a détruit...... Les bien-

fait..... dont vous nous avez comblé..... sont gravé.....
dans nos cœur..... ; la reconnaissance que nous vous
en avons gardé..... sera éternel...... Le peu d'habitant..... que la guerre a laissé..... dans certain.....
province.... suffi..... à peine pour cultiver les terre......
Les ancien...... n'ont pas accompli..... de grand.....
voyage..... maritime......, parce que le peu de progrès qu'il..... avai..... fait..... dans la navigation ne
leur permettai...... pas de s'éloigner des côtes.

286-287.

174. Faire trois phrases dans lesquelles les participes *reçu*, *donné*, *rapporté* seront précédés de
en et *invariables*.

Faire trois autres phrases dans lesquelles ces
mêmes participes seront précédés de *en* et *variables*.

286-287.

175. Faire trois phrases dans lesquelles les participes *laissé*, *donné*, *montré* seront précédés de
le peu et *variables*.

Faire trois autres phrases dans lesquelles les
mêmes participes seront précédés de *le peu* et *invariables*.

Nota. — L'instituteur peut donner lui-même une
foule de devoirs semblables qui sont d'excellents
exercices de style, d'intelligence et de mémoire.

288-289-290.

176. Les oiseau..... que j'ai regardé..... faire leurs
nid....., se sont effarouché...... à mon approche et se
sont envolé..... dans le lointain. Nous nous sommes
toujours rappelé...... avec bonheur les année..... de
notre enfance. Ces voyageur...... se sont empressé.....

de revenir...... sur leurs pas, lorsqu'il...... se sont aperçu...... qu'il..... faisai...... fau...... route. Les parent...... vraiment chrétien...... se sont toujours attaché...... à faire naître dans le cœur de leurs enfants...... des sentiment......, vertueu........

288-289-290.

177. Parmi les prince...... qui se sont succédé...... sur tou...... les trônes...... de l'univers, il y en a peu qui puisse...... être comparé...... à Henri IV que le peuple a surnommé le bon Henri. Les ancien...... s'étai...... imaginé...... que c'est le soleil qui tourne autour de la terre. Les soldat...... que nous avons vu...... conduir...... en prison s'étai...... révolté......il...... ont été condamné...... au...... travau...... forcés....... Les cu-rieu....... se sont disputé...... les premièr...... place...... à la grand...... revue que le général a fait...... passer au...... troupe.........

288-289-290.

178. Nous nous sommes nui...... à nous-même...... tout...... les fois que nous avons cherché...... à nuir...... aux autre....... Les montagne...... se sont élevé...... et les vallée...... sont descendu...... à la place que le Sei-gneur leur a marqué........ Le peu d'année...... que Louis XVIII a régné...... se sont écoulé...... dans une paix profond........ Plusieurs vaisseau...... battu...... par la tempête se sont perdu......, égaré......, et les débris seul...... qu'on en a retrouvé...... ont pu...... indiquer les lieu...... où il...... avai...... péri........

288-289-290.

179. La nature s'est plu...... à mettre du mystère dans tou...... ses œuvre........ Que de fois les hommes...... se sont ri...... des avertissement...... de la Providence

et se sont repenti...... ensuite de n'avoir pas su...... en
profiter. Racine, Fénelon et Lafontaine se sont
rendu...... célèbre...... par leurs écrit....... En ne suivant
pas les conseil...... de leurs maître...... et de leurs parent....., bien des enfant...... se sont préparé...... d'éternel...... regret....... Les richesse...... que l'avarice avai......
amassé..... avec tant de peine...... se sont évanoui......
à la mort de l'avare.

288-289-290.

180. Souvent les méchant...... se sont enlacé......
eux-même...... dans les piége...... qu'il..... avai..... ten-
du...... aux autre....... Les général......s'étai......proposé.....
de livrer bataille; mais il...... ont été arrêté...... dans
leur marche par de grand...... pluie....... La fumée
noirâtre que nous avions vu...... s'élever du Vésuve
semblait annoncer une éruption prochaine; cependant les journal...... n'ont rien signalé..... et le trop
fameu...... volcan semble s'être reposé...... encore. Ces
deux homme......, que nous avions regardé...... comme
ennemi......, se sont parlé..... avec bienveillance.

288-289-290.

181. Faire trois phrases dans lesquelles les participes pronominaux *vu, rendu, donné* seront
variables.

Faire trois autres phrases dans lesquelles les
mêmes participes pronominaux seront *invariables.*

Nota. — L'instituteur peut donner lui-même une
foule de devoirs semblables, qui sont d'excellents
exercices de style, d'intelligence et de mémoire.

291-292.

182. Les long..... et malheureu...... guerre...... qu'il
y a eu...... sous les Valois ont ruiné...... la France.

qui ne s'est relevé..... de ses calamité..... que bien
longtemps après. Excepté..... ses propre..... intérêt.....,
rien ne peut toucher l'avare. Les bonne..... nouvelle..... qu'il est arrivé..... ont rassuré..... la popula-
tion effrayé..... de l'approche de l'ennemi. Les heure.....
que nous avons dormi..... nous ont complétement
remis..... de nos fatigue...... Les somme..... que la
guerre nous a coûté..... sont incalculable.......

291-292.

183. Cette propriété a été payé....., dit-on, six
mil..... cinq cent..... franc.....; mais je ne crois pas
qu'el..... les ait jamais valu...... Que de neige il est
tombé..... cet..... année! Les long..... sommeil..... que
ces enfant..... ont dormi..... les ont conduit à leur
entier..... guérison. Ces vaste..... plaine..... que nous
avons tant parcouru..... sont inondé...... Les chevreuil..... que nos chien..... ont couru..... se sont
laissé..... prendre malgré leur vitesse. Ces pierre.....
n'approche..... même plus des mil..... kilogramme.....
qu'il..... avai..... pesé.....; le temps les a dégradé......

291-292.

184. La Fête-Dieu est l'une des plus bel..... qu'il
y ait jamais eu...... Quel..... patience n'a-t-il pas fallu.....
pour composer le premier dictionnaire! La langue
hébraïque que les ancien..... juif..... ont parlé.....,
n'est plus qu'imparfaitement connu..... aujourd'hui.
Vos sœur..... se sont plu....., bien amusé..... à la campagne; aussi pense.....-t-el..... y retourner à l'automne prochain. Que les faute..... qu'il nous est
arrivé..... de commettre nous mette..... en garde
contre de nouvel..... rechute.......

RÉCAPITULATION

—

LA PLUS BELLE DES FLEURS.

185. Près de Chartres se trouvai...... autrefois le magnifique château d'Oysonville, habité...... par le seigneur d'Allonville, que Henri IV avait en haut...... estime, et chez qui, chaque année, il...... allai...... passer quelque...... jour...... de la bel...... saison. Or, un jour que le seigneur faisai...... admiré...... à son illustre visiteur les plante...... rare...... de son jardin, un paysan nommé Cadot, fermier de d'Allonville, arriva au château.

LA PLUS BELLE DES FLEURS — SUITE.

186. Cadot se hasarda de dire au roi que si Sa Majesté voulai...... le suivre......, il lui montrera...... des fleur...... plus bel...... encore, et surtout en plus grand...... quantité. L'excellent...... prince accepta...... en souriant et suivit Cadot. Celui-ci causant comme de pair à compagnon avec son souverain, le conduisit dans une magnifique pièce de blé, et montrant les épi...... en fleur...... : « Sire, dit-il, voilà la plus belle...... fleur...... que Dieu ait créé...... »

LA PLUS BELLE DES FLEURS — FIN.

187. « Tu a...... raison, mon ami, répond...... le bon roi, ce sont aussi cel...... que je préfère. » A peine rentré...... à Paris, Henri envoya au laboureur une pièce d'orfévrerie représentant...... quatre épi...... de blé en or. Les descendant...... de Cadot la conserve...... encore religieusement comme une relique précieuse...... et le plus précieu...... souvenir du prince que la postérité, avec raison, a surnommé...... *le bon Henri.*   V. HENRION.

QUATRIÈME PARTIE

CHAPITRE XII

ORTHOGRAPHE MÉCANIQUE

293. *A.* On écrit a sans accent, quand c'est le verbe avoir, et on le reconnaît, quand on peut mettre devant lui les mots *il* ou *elle*. On écrit à avec un accent dans les autres cas.

294. *Autrefois* s'écrie en un mot quand on peut le remplacer par *jadis, il y a longtemps.* Il s'écrit en deux mots dans les autres cas.

295. *Aussi tôt, bien tôt, plus tôt,* s'écrivent en deux mots, quand on peut les remplacer par *aussi tard, bien tard, plus tard.* Dans les autres cas, ils s'écrivent en un mot, et alors *plutôt* ne prend plus l's dans *plu.*

296. *Beaucoup* s'écrit en un mot quand il signifie le contraire de *peu.* Dans les autres cas *beau* est adjectif, et *coup* est un nom.

297. *Ce.* Quand on peut dire : *il se.....,* on écrit *se*; dans les autres cas on écrit *ce.*

C. Les mots qui commencent par *oc* prennent deux *c,* excepté *océan, oculiste.*

298. *Ces objets se sont vendus cher.* Cette phrase équivaut à celle-ci : *Ces objets se sont vendus chèrement. Cher,* n'étant pas adjectif, reste invariable. Il en est de même de *haut* et *bas,* dans : *Ces jeunes filles chantent* haut. *Ces personnes parlent* bas.

299. *Davantage* s'écrit sans apostrophe, quand il signifie *plus*; dans les autres cas, il prend une apostrophe (*d'avantage*), et *avantage* est un nom commun.

300. *Enfin* s'écrit en un mot, quand on peut le remplacer par *définitivement*. Dans les autres cas, il s'écrit en deux mots.

301. *Er*. On reconnaît qu'un verbe en *é* est à l'infinitif, quand on peut le remplacer par *rendre*, *voir*, *dire*, etc.

302. *Est* s'écrit *e-s-t* quand on peut placer devant lui *il* ou *elle*. Dans les autres cas il s'écrit *et*.

303. *F*. Les mots dont la seconde lettre est une *f* en prennent deux. — Excepté *afin*, *Afrique*.

304. *Leur* ne prend *s* que dans *les leurs* ou devant un nom pluriel.

305. *Le nôtre, la nôtre*, etc., prennent un accent circonflexe sur l'*ô*; *notre, votre* n'en prennent point.

306. *Les* n'est jamais le sujet d'un verbe; donc on ne doit jamais s'en occuper pour l'accord de ce verbe. Exemple : *Mon frère écrit des couplets, moi, je les chante*.

307. *Là, où*, s'écrivent avec un accent, quand ils indiquent le lieu.

308. On trouve *en général* la lettre qui termine un mot, en cherchant les dérivés de ce mot. Ainsi *écart* prend un *t*, parce qu'il fait *écarter*. *Regard* prend un *d*, parce qu'il fait *regarder*. Excepté : *absous, dissous, abri, souris, dix, dépôt, legs*, etc., qui font *absoute, dissoute, abriter, souricière, dizaine, déposer, léguer*.

309. *M.* On met une *m* devant *p* et *b*. Excepté *bonbon, embonpoint.*

310. *N'y, ni.* On écrit *n'y* quand on peut dire *ne.* Dans les autres cas on écrit *ni.*

311. *On l'a vu, on la voit.* Dans ces phrases on reconnait qu'il faut écrire *la* sans apostrophe, quand on peut remplacer ce mot par *le.*

312. *On n'en a jamais vu.* Dans cette phrase et les semblables, on reconnait où il faut mettre *n'* en évitant la rencontre de l'*n* sur une voyelle, et en disant, par exemple : *Je n'en verrai jamais.*

313. *On* s'écrit sans *t* quand on peut le remplacer par un nom de personne.

314. *P.* Les verbes qui commencent par *ap* prennent deux *p*, excepté *apercevoir, aplanir, aplatir, apaiser, apitoyer, apostiller.*

315. *Parce que* s'écrit en deux mots, quand on peut le remplacer par *à cause que.* Il s'écrit en trois mots, quand il signifie *par la chose que.*

316. *Peut-être* s'écrit avec un trait d'union, quand on peut le remplacer par *probablement.*

317. *Partout* s'écrit en un mot quand il signifie *en tout lieu.*

318. *Pourtant* s'écrit en un mot quand on peut le remplacer par *cependant.*

319. *Peu* s'écrit *p-e-u*, quand il signifie le contraire de *beaucoup.*

320. *Passé défini.* On reconnaît qu'un verbe est à la 3e personnne du passé défini ou de l'imparfait du subjonctif, en le mettant au pluriel.

321. *Quand* prend un *d* à la fin, quand on peut le remplacer par *lorsque*, à *quelle époque.* Dans les autres cas il s'écrit *quant.*

322. *Qu'en* s'écrit ainsi, lorsqu'on peut le remplacer par *que, dans.*

323. *Qu'elle* s'écrit avec une apostrophe quand on peut le remplacer par *qu'il*. Dans les autres cas, il s'écrit sans apostrophe.

324. *Quoique* s'écrit en un mot quand il signifie *bien que*, et en deux mots, lorsqu'il signifie *quelque chose que.*

325. *Quelquefois* s'écrit en un mot, quand il signifie *de temps en temps.*

Il s'écrit en deux mots quand il signifie *plusieurs fois.*

326. *Sont* s'écrit avec un *t* quand on peut le remplacer par *seront.*

327. *S'en* s'écrit ainsi quand on peut le remplacer par *se.*

328. *S'y, si.* On écrit *s'y* quand on peut les remplacer par *se.*

329. *Surtout* s'écrit en un mot quand on peut le remplacer par *principalement.*

330. *S* entre deux voyelles se prononce comme *z*. Excepté : *parasol, entresol, désuétude, soubresaut*, etc.

331. *Voilà* s'écrit en un mot quand on peut le remplacer par *voici.*

332. *Va-t'en.* Cette phrase s'écrit avec un trait d'union et une apostrophe; le pluriel *allez-vous-en* indique que le *t* est mis pour *te*, et n'est pas une lettre euphonique.

333. *Y a-t-il.* Cette phrase avec la forme affirmative donne : *il y a*, et indique que le *t* est une lettre euphonique.

DES MOTS INVARIABLES

334. L'*adverbe* est un mot que l'on ajoute au verbe, au participe, à l'adjectif ou à un autre adverbe, pour en modifier le sens.

Exemples : Ces enfants écrivent *parfaitement*.
Ces enfants sont *généralement* aimés.
Ces enfants sont *fort* polis.
Ces enfants chantent *très-bien*.

335. La *préposition* joint deux mots, dont le second complète la signification du premier, c'est-à-dire lui sert de complément.

Exemples : La maison *de* la mère.
Aller *en* voyage.

336. La *conjonction* sert à lier deux propositions ou deux mots de même nature et faisant même fonction.

Exemples : Je pense *que* votre frère viendra.
Promettre *et* tenir sont deux.

337. L'*interjection* est un mot qui exprime les sentiments de l'âme.

Exemple : *Hélas!* quel malheur.

EXERCICES

294-295.

188. Faire quatre phrases dans lesquelles les expressions *autrefois, aussitôt, bientôt, plutôt,* s'écriront en un mot.

Faire quatre autres phrases dans lesquelles les mêmes expressions s'écriront en deux mots.

296-299-315.

189. Même exercice que le précédent pour les mots : *beaucoup, davantage, parce que.*

316-317-318.

190. Même exercice que le numéro 188, pour les mots : *peut être, partout, pourtant.*

319-321-322-323.

191. Même exercice que le numéro 188, pour les mots : *peu, quand, qu'elle.*

324-325-329.

192. Même exercice que le numéro 188, pour les mots : *quoique, quelquefois, surtout.*

327-328-331.

193. Même exercice que le numéro 188, pour les mots : *s'en, s'y voilà.*

Nota. — L'instituteur peut facilement multiplier ces exercices pour les autres numéros de la 4ᵉ partie.

RÉCAPITULATION GÉNÉRALE

LA NEIGE.

196. Que von...... devenir les plante...... des chan......? El...... son...... couvert...... d'une neige froid...... qui va les engourdir......, et l'année prochain...... les récolte...... seron...... perdu......, sans doute. Non, au contraire, la neige et...... comme un grand...... manteau...... blan......, qui préserve les plant...... des froi...... et de

la gelée. Demandez au voyageur...... qui a parcouru, en hiver....., les montagne...... des Vosg....; de la Suisse, les Alpe....... Demandez-lui ce qu'il..... a fait..... lorsqu'après avoir...... marché...... une journée entie....., il s'est trouvé...... avec son guide, éloigné de la ville....., du village, de tout...... habitation humain.......

LA NEIGE — SUITE.

195. Et le voyageur...... vous dira...... qu'il...... s'est creusé...... un lit...... dans la neige, qu'il s'est couché..... et a..... dormi...... tranquillement sous la garde de Dieu. Dans les pay...... de montagne....., lorsque le temps est calme, la neige ce...... détache...... quelque fois..... lentement des hau..... sapin....., tombe à terre et descend en peti..... boule..... qui suive...... la direction du terrain et grossisse...... à mesure de la longueur du chemin qu'il...... parcoure.......

LA NEIGE — FIN.

196. Ces boule..... devenu...... d'une grandeur énorme...... par la neige qu'el..... ont foulé..... et qui a continué..... à s'attaché..... à el....., entraîné...... alors par leur poids, roule....., se précipite...... avec une vitesse effrayant....., et détruise..... tout ce qui s'oppose..... à leur chute; ce sont des avalanches. Malheur alors au voyageur qui ce trouve...... sur le passage de l'avalanche : la voilà qui descend ; il ne peut l'évité....., il est perdu....... Car l'avalanche, c'est la force brutal....., la force sans limite......; aucune barrière ne peut résisté...... à sa puissance.

V. HENRION.

LE GENDARME.

197. Vous avez vu..... passé...... le gendarme dans la rue, et vous avez dit..... : Comme il a l'air sé-

---

vère......, il doit être bien méchant....... Vous ne savez pas ce que c'est que le gendarme; non! oh non; je vais vous l'apprendre. N'entendez-vous pas au loin les son...... précipité...... de la cloche d'alarme? Ell...... annonce...... qu'un incendie épouvantable...... a éclaté...... et dévore...... une, deux, trois maison...... peut-être. Qui va porté...... secours? le gendarme.

LE GENDARME — SUITE.

198. Il est arrivé...... le premier...... sur les lieu...... du malheur. Il...... a traversé...... les flamme...... brûlant......, pour sauvé.... des enfant...... qui dormai...... doucement du sommeil des ange......, pour sauver les animau...... domestique...... qu'on avait oublié...... à l'étable......, pour enlevé...... au feu...... dévorant.... les meubles, les récolte....... Puis, quan...... l'incendie sera éteint......, quan...... tou...... le monde sera parti...... il restera lui seul...... pour garder......, pour veiller....... Il a été le premier sur le lieu du malheur, il sera le dernier.

LE GENDARME — SUITE.

199. Pourquoi tou...... ces gens fuie......-il...... ainsi, tremblant......, égaré......? pourquoi coure......-il si précipitamment? Ah! c'est qu'un cheval vient de s'emporté....... Comme il bondit; il a briser sa voiture, tué...... son maître, écrasé...... peut-être ces enfant...... qui joue...... insouciant...... sur la route! Chacun se sauve....... Qui donc osera...... arrêté...... ce cheval fougueux......? personne. Vous vous trompez...... le gendarme est là; il cause avec Jean, le cordonnier.

LE GENDARME — SUITE.

200. C'est lui qui arrêtera le cheval, ou il sera tué....... Il...... sait qu'il...... expose...... sa vie, qu'im-

porte. Il se précipite......, affronte...... le danger, saisit...... aux narine...... l'animal furieu......, se cram-
ponne...... à lui, le maîtrise...... enfin.

Qu'ont donc ses enfant...... pour crié...... ainsi?
pourquoi ses pleurs? C'est qu'en jouant avec eux,
près du pont, Jules, leur camarade, est monté......
sur le parapet et est tombé...... à la rivière.

LE GENDARME — SUITE.

201. La rivière et profond...... il y a un gouffre
près du pont. Qui donc ira...... plongé...... dans le
gouffre pour retiré...... le malheureu...... qui se noye......?
Personne n'osera. Vous vous trompez; le gendarme
a entendu...... les cri......; le voilà qui accourt...... : il
sauvera l'enfant, ou il mourra avec lui au fond
de l'eau. Il sait qu'il...... expose...... sa vie; qu'importe. Il plonge......, cherche, ne trouve...... rien. Il
replonge...... encore, saisit un pan de veste, re-
monte...... et rend...... à sa mère éploré...... le joueur
imprudent......, téméraire....... L'enfant respire......, il
vit.......

LE GENDARME — FIN.

202. Puis, quan...... l'enfant et sauvé......, quan......
le cheval et arrêter......, quan...... l'incendie et éteint......,
que fait le gendarme? Il...... ce promène...... fière-
ment, croyez-vous : Non, il...... rentre...... chez lui,
embrasse...... ces enfant...... joue...... avec eux, va
causé...... avec les voisin...... et attend que d'autre......
danger...... l'appèle....... Car partout où il y a un danger à courir......, vous trouverez le gendarme. Les
honnêt...... gens l'aime...... les méchant...... seul...... le
craigne....... Le gendarme n'est pas un homme, c'est
le dévouement fait homme.

V. HENRION.

7

CLAUDE LE LORRAIN.

203. Il y avai...... autre fois en Lorraine, il y a longtemps de cela, un peti...... enfant qui s'appelait Claude Gelée, mais que ces camarades appelai...... Claude la bête, parce qu'il ne savai...... ni lir...... ni écrire....... Plus tard...... Claude Gelée ayant été à l'école s'instruisit, et plus tard...... encore devint un grand peintre, connu...... dans le monde entier sous le nom de Claude le Lorrain. Claude le Lorrain, au moment de sa plus grand...... gloire, habitai...... Rome, la plus bel...... ville du monde.

CLAUDE LE LORRAIN — SUITE.

204. Il logeait dans un magnifique palais, et le pape lui-même étai...... son ami. Vous pensez sans doute que Claude, parvenu...... ainsi à la fortune et au...... honneur...... étai...... heureu......, le plus heureu...... des homme...... peut-être. Vous pensez que rien ne manquai...... à son bonheur. Comme vous vous trompez! Claude, au milieu de ces richesse......, de ces joie...... regrettai...... toujours son peti...... village, la chaumière de ses paren.......

CLAUDE LE LORRAIN — FIN.

205. Et un jour, laissant son palais, ses tableau......, ses riche...... ami......, il s'enfuit secrètement, revint en Lorraine, revoir..... son village et embrassé...... le vieu...... maître d'école qui lui avai..... enseigné...... à lire et à écrire.

Un jour aussi, comme Claude le Lorrain, vous comprendrez, enfants, que le village, c'est la patrie, c'est le bonheur. V. HESSION.

FIN DE LA QUATRIÈME ET DERNIÈRE PARTIE.

TABLE DES MATIÈRES

PREMIÈRE PARTIE

CHAPITRE I

CHAPITRE II

CHAPITRE III

CHAPITRE IV

TROISIÈME PARTIE

CHAPITRE X

CHAPITRE XI

QUATRIÈME PARTIE

CHAPITRE XII

FIN DE LA TABLE DES MATIÈRES.

Mirecourt, Typ. HUMBERT, rue Sainte-Cécile, 8.

www.ingramcontent.com/pod-product-compliance
Lightning Source LLC
Chambersburg PA
CBHW072102090426
42739CB00012B/2838